¿QUÉ HACEMOS CON LA EDUCACIÓN?

Desafíos del profesorado
para una educación transformadora

María Rosa Espot
Jaime Nubiola

¿QUÉ HACEMOS CON LA EDUCACIÓN?

Desafíos del profesorado para una educación transformadora

Desclée De Brouwer

Henao, 6 – 48009 BILBAO
www.edesclee.com
info@edesclee.com

ISBN: 978-84-330-3256-0
Depósito Legal: BI-00094-2024
Impresión: Grafo S.A. - Basauri

Índice

Introducción

"El mundo nos está estallando en el aula" decía la profesora Graciela Jatib de Tucumán (Argentina) a uno de los autores de este libro. Pensamos que aquí y ahora nos está pasando lo mismo. Por un lado, suele decirse que es difícil que los alumnos nos escuchen, tienen poco interés y les falta motivación; por otro lado, numerosos profesores se sienten «quemados» por sus bajos salarios y quizá todavía más por la falta de reconocimiento social: muchos de ellos desearían abandonar la profesión, pero no pueden; a su vez, les pesan los constantes cambios en la legislación educativa, agravados por el hecho de que quienes hacen esas leyes jamás preguntan a los profesores. Es muy llamativo el desajuste entre los contenidos de los planes de estudio y los intereses de los alumnos. Estos son solo algunos ejemplos que muestran la necesidad que hay de repensar la educación en nuestro país. Un repensar que necesariamente ha de ir unido a un proceso de transformación de la educación en el que los protagonistas sean los alumnos, el profesorado, sus formadores, los directivos de centros educativos y, de alguna manera, toda la sociedad (¡y no solo los políticos!). Los protagonistas de la transformación de la educación han de ser las personas directamente implicadas en el proceso educativo.

Este libro va dirigido a quienes forman parte de las estructuras educativas, en concreto a los profesionales –y futuros profesionales– de la educación, esto es, a los profesores, a los equipos directivos de centros académicos, a los formadores de profesores, a los estudiantes de la carrera de Magisterio o de otras carreras que aspiran a ser docentes, y a todas las personas interesadas en la educación.

El principal objetivo de este libro es, para nosotros, el intentar mostrar *la grandeza* de la profesión docente enraizada en la *capacidad transformadora* de la educación; es decir, aspiramos a ayudar a descubrir la inmensa influencia transformadora que los educadores podemos tener en los educandos y, por lo tanto, en sus familias y, en consecuencia, en la sociedad de hoy y en el mundo de mañana. Dicho con otras palabras, queremos con estas páginas ayudar al profesorado a que actúen a nivel personal de manera competente y comprometida, a que procedan de forma apropiada para que los recursos materiales disponibles cumplan su misión, y a que se convenzan de la capacidad transformadora de su trabajo como educadores.

Se trata de una transformación enfocada al crecimiento humano de las personas (educandos y educadores) y que requiere del profesorado la capacidad de hacer frente a grandes desafíos: la competencia profesional, el empoderamiento del profesor en la organización o estructura educativa, el compromiso y la implicación docentes, y la buena y efectiva gestión de los recursos materiales. Los adultos del mañana dependen de la educación de hoy.

El libro está organizado en cinco partes. La primera parte se centra en tres etapas clave de la vida del profesor –la etapa de su formación inicial, la de sus inicios en la docencia y la etapa de su jubilación– así como en algunas circunstancias que aparecen o pueden aparecer en el transcurso de su vida profesional y que de ordinario nadie le ha enseñado cómo afrontarlas: el profesor sustituto, el profesor "quemado", el profesor "maduro" y el profesor cansado, cuatro realidades distintas. En la segunda parte abordamos algunas situaciones que con cierta frecuencia se presentan en el quehacer diario del docente y que es preciso saber gestionar, por ejemplo, la multitarea, la muerte en la escuela, la educación pospandemia, la conciliación familiar. En la tercera parte nos referimos a los jóvenes de hoy, en particular al problema de la falta de atención y concentración de los alumnos, las actividades extraescolares, el juego en la educación, el sentimiento de soledad de los jóvenes, los elogios a los alumnos, las vacaciones escolares y el valor del silencio en el aula.

En la cuarta parte damos cuenta de qué significa una educación transformadora, así como de algunos cambios que necesita la escuela de hoy para que la educación que ofrece sea realmente transformadora: por ejemplo, un estilo de gobierno participativo, una real y efectiva participación de los padres y las madres en la escuela, la prevención y la gestión del *bullying* escolar, cómo enseñar y fomentar en las aulas el pensamiento crítico, cómo promover la creatividad, cómo pueden los profesores liberarse de los *rankings*, de la calidad, de la productividad o de las metodologías "modernas", para que aflore el estilo propio de cada docente.

Finalmente, como bien sabemos, conocer el pasado permite comprender mejor el presente y así intentar construir un futuro mejor. En este sentido, en la quinta parte y última presentamos algunas claves de la historia de la educación, en particular centramos nuestra atención en el modelo educativo de Jean Jacques Rousseau (1712-1778), la pedagogía de John Dewey (1859-1952), y la Escuela Moderna de Francisco Ferrer Guardia (1859-1909). Acudimos a la obra originaria de estos tres autores y también a la de algunos de los que han investigado y escrito sobre su pensamiento pedagógico. En definitiva, nuestro objetivo en esta última parte es considerar qué podemos aprender de estos tres renombrados pedagogos de la historia de la educación.

En cuanto al lenguaje que hemos empleado, cabía la posibilidad de usar o no el «lenguaje inclusivo» –las formas genéricas (el profesorado, el alumnado) y las formas dobles o desdoblamientos (las profesoras y los profesores, las alumnas y los alumnos)– y hemos optado por apenas usar el lenguaje inclusivo, es decir, lo hemos usado en muy pocas ocasiones. Nuestra opción se basa fundamentalmente en el hecho de que la lengua castellana tiene –al menos por ahora– un masculino genérico y, por lo tanto, su uso no excluye a las mujeres de ser sujetos del discurso: "el masculino plural genérico tiene siempre un carácter inclusivo"

(Vanrell, 2021, p. 77). La lingüista y estudiosa de esta cuestión M. Carme Junyent advierte que "es difícil la producción de textos con *coherencia textual* cuando se han de seguir directrices que no tienen en cuenta el funcionamiento de la lengua" (Junyent, 2021, p. 27). Son muchos los argumentos prácticos que nos llevan a evitar el uso reiterado de desdoblamientos en los textos.

Finalmente, damos las gracias a todas las personas –familiares, amigos, colegas– que han leído el borrador de este libro –o parte de él– y que tanto nos han ayudado con sus comentarios y sugerencias, y a todos los que nos han atendido con su amable y enriquecedora conversación sobre aspectos diversos de este trabajo. Agradecemos muy en particular a Manuel Guerrero y a la editorial Desclée De Brouwer su interés en la preparación de este volumen.

María Rosa Espot y Jaime Nubiola

1

La carrera vital del profesor

El estudiante para maestro

En España utilizamos el término «maestro» para referirnos a un profesional encargado de la docencia en la etapa de educación infantil y en la de primaria. A su vez, con la palabra «profesor» nos referimos a un profesional de la educación –especialista en una materia– que imparte su docencia en secundaria o en la universidad.

Sin embargo, el término «maestro» tiene más significados que en muchos casos van más allá de la transmisión de conocimientos. Un maestro es también un experto. Una persona experimentada, es decir, que tiene gran experiencia o es muy hábil en un trabajo o en una actividad, o también que tiene muchos conocimientos en *una* materia determinada. Por ejemplo, hablamos de un maestro en economía, en relaciones sociales, en hablar en público, en hacer un *collage*, etc.

En nuestro país la vía para ser docente es una para los maestros (docencia en educación infantil y primaria), otra para los profesores de secundaria y otra para los profesores de universidad. En este artículo vamos a referirnos en particular a los maestros de nuestra escuela (educación infantil y educación primaria), es decir, al camino que recorren los estudiantes al terminar el bachillerato hasta convertirse académicamente en un maestro de educación infantil (alumnado de entre 3 y 6 años de edad) o de primaria (alumnado de entre 6 y 12 años de edad), a su sentir y a algunas opiniones –de especialistas-investigadores en educación– sobre la preparación académica que reciben los estudiantes universitarios que aspiran a ser maestros.

La carrera de Magisterio

La carrera de Magisterio es un grado universitario que permite impartir docencia en las escuelas de educación infantil y primaria. Consta de dos especialidades: *Grado de Magisterio en Educación Infantil* y *Grado de Magisterio en Educación Primaria*. La carrera consta de cuatro cursos y se accede a ella de ordinario a través del bachillerato de Ciencias Sociales. En ella se estudian diferentes materias y su didáctica, principios de educación, psicología educativa, del desarrollo y del aprendizaje, evaluación del aprendizaje. Se completa con unas prácticas –tuteladas, que se evalúan– en el aula de una escuela. Al terminar la carrera el alumno o la alumna tiene tres vías por las que optar: opositar a la enseñanza pública, hacer un doctorado o trabajar en un colegio privado o concertado.

En las aulas de Magisterio el porcentaje de mujeres es claramente superior al de varones, en particular en la especialidad de Educación Infantil. De hecho, las mujeres representan la mayoría del profesorado en las primeras etapas educativas. Cabe decir que en secundaria el predominio de mujeres también está presente, pero no es tan acusado. Según el *Instituto Nacional de Estadística* de España los porcentajes de mujeres en el profesorado en el curso 2018-2019 son especialmente elevados en Educación infantil (97,6%) y en Educación primaria (82,0%).

La feminización del magisterio es un hecho. Actualmente, según la web de RTVE.es, "si creemos superado el prejuicio de que existen profesiones para mujeres y para hombres, la realidad es que las mujeres representan el 72,1% frente al 27,1% de hombres que se dedican a la enseñanza. La mayor diferencia se da en los niveles más bajos, (...). El año 2017 se cerraba con un maestro por cada 40 maestras de Infantil, aunque la disparidad desciende a medida que ascienden las etapas y en la universidad las profesoras son el 43,5%".

Tanto estudiantes de la carrera de Magisterio como maestros en activo lamentan que su carrera (Magisterio) y también su profesión (maestro) se valoren poco en la sociedad. ¿Por qué socialmente se valoran poco? La analista de la OCDE Marta Encinas-Martín –escribe el periodista Daniel Caballero– "concede que existe cierta mala imagen social respecto a la formación de los profesores, vinculada a la carrera de Magisterio. Y también señala que su labor está «falta de evaluación, seguimiento e investigación»". Es decir, reclama una mejor formación universitaria de los maestros, así como una mayor atención a la labor educativa que desempeñan estos profesionales de la educación, mediante una *evaluación*, un *seguimiento* y una *investigación*, que apenas existe actualmente.

A su vez, sabemos que los primeros destinatarios del trabajo de un maestro o de un profesor –en el aula o fuera de ella– son sus alumnos y sus padres. En este sentido, podemos decir que la tarea de un educador profesional (maestro o profesor) es un agente *transformador* de las personas y en consecuencia de la sociedad, por lo tanto, el trabajo profesional de un maestro es un elemento *transformador* del mundo, un mundo que todos queremos que sea mejor. Por consiguiente, podemos decir que la repercusión del trabajo de un maestro es importantísima y de gran trascendencia. Además, como bien sabemos, «el período de 6 a 12 años de edad es una etapa evolutiva (con su carácter de *etapa educativa obligatoria*) que es clave en el crecimiento de la persona». En definitiva, esta realidad que aquí expresamos no encaja con el descrédito social que padece la carrera de Magisterio y la labor de los maestros. Se hace necesario repensar algunas cuestiones al respecto.

Repensar algunas cuestiones

Para preparar este artículo nos reunimos con algunas estudiantes de la carrera de Magisterio de diferentes universidades para conversar y conocer su opinión sobre la carrera que están cursando o que recientemente han terminado. Cabe decir que contamos con jóvenes convencidas de su elección de carrera y de querer ser maestras desde *casi siempre*. En su opinión, Magisterio es una carrera más teórica que práctica, lo que lleva a echar de menos una enseñanza más práctica y con clases más participativas. En cuanto al nivel de conocimientos impartidos, mayoritariamente coinciden en su medianía.

Transcribimos algunas de sus palabras:

> *Aprobar es fácil, sacar nota es ya otra cosa: ¡para tener un sobresaliente hay que estudiar mucho! Hacemos muchos trabajos en equipo, los profesores dan por supuesto que sabemos cómo hacerlo y no es así. Algunas clases son utópicas: se nota mucho el profesor que ha trabajado en el aula de esas etapas iniciales y el que nunca lo ha hecho. En clase los profesores nos han hablado mucho de ser innovador y creativo, sin embargo, ellos no lo son. He tenido más clases monótonas que interesantes. También he tenido algunos profesores buenos y alguno muy bueno. ¡Lo mejor han sido las prácticas!* Finalmente, una recién graduada añadió: *La carrera me ha parecido muy corta, con mucha base antropológica y poco sobre el desarrollo psicocognitivo del niño. Para mí la carrera ha sido, sobre todo, un trámite para poder trabajar en lo que realmente yo quiero trabajar.*

En cuanto a la pregunta sobre qué es lo que más les preocupa de su futuro trabajo en el aula, la respuesta es unánime: tener la autoridad debida que nada tiene que ver con el autoritarismo, la autoridad que permite al maestro o a la maestra enseñar y al alumnado aprender. *¡Miedo a que el aula se te descontrole!*, dijo una de ellas. Todas valoraron la figura del mentor, esto es, un profesor experimentado, en la misma escuela, que acompañe, enseñe y guíe al maestro principiante. *¡Alguien que "in situ" enseñe lo que no está en los libros!*, dijo otra de ellas.

Cerramos el artículo con unas palabras y planteamientos de la pedagoga y catedrática Inger Enkvist, estudiosa e investigadora de estas cuestiones, que hacen pensar: «La finalidad de la educación infantil es dar base intelectual». Ni que decir tiene que tal afirmación engloba muchas cosas (conocimientos, hábitos, lecturas, escritura, reflexiones, etc.).Enkvist defiende que el docente necesita lo práctico y lo didáctico, pero también un conocimiento profundo de la materia que imparte. Sin embargo, afirma que "el listón está demasiado bajo". En su opinión "se debería hacer una prueba de admisión para acceder a la carrera". Enkvist plantea elevar el listón, en concreto exigiendo una nota de corte más alta para estudiar la carrera de Magisterio, e introducir una prueba de conocimientos sobre las materias al final de los cuatro años de carrera, además de una prueba de lengua para todos los profesores.

A modo de conclusión

Conviene repensar una serie de cuestiones de la carrera para ser maestro: los requisitos para acceder a la carrera de Magisterio, sus contenidos, el nivel que se imparte en las aulas universitarias, las metodologías que se emplean en ellas, la organización de las prácticas establecidas, el incremento de la especialización del maestro para que así tenga que impartir menos asignaturas en la escuela. Y tres elementos casi ausentes en la escuela de hoy: la figura de un mentor, el seguimiento de la docencia del profesor principiante y su evaluación.

El profesor en prácticas

En los últimos años se ha puesto de moda en España la palabra *practicum* para referirse a las prácticas obligatorias para obtener alguna titulación. Si uno busca en internet puede encontrar la siguiente definición de *practicum*: «un curso en el que se pone en práctica la teoría, una sesión práctica de entrenamiento o investigación». En el grado de Magisterio (cuatro años de carrera) el *practicum* se define como «el conjunto de prácticas de iniciación docente en el aula», que se lleva a cabo a partir del tercer curso de la carrera. Por así decirlo, está incluido en el grado. En cambio, en el caso de los profesores de secundaria, el *practicum* forma parte de estudios de postgrado. Es decir, en España, la titulación exigida para ser profesor de secundaria es un grado universitario de ordinario de la materia que son docentes (no de Magisterio) seguido de un máster en formación del profesorado. Este postgrado obligatorio incluye un período de prácticas tuteladas en una escuela.

El *practicum* es clave en el aprendizaje de la profesión docente tanto para el futuro maestro (educación infantil y primaria) como para el futuro profesor (secundaria). Se podría decir que es un elemento crucial en la etapa de formación inicial del estudiante que se prepara para ser maestro o profesor. En ese período de *prácticas* se aspira a que lo aprendido teóricamente en la universidad se viva en un aula real de un centro escolar, junto a profesionales experimentados que acompañan y orientan al joven estudiante a la vez que le invitan a la reflexión. Es decir, para el futuro docente es un tiempo de observación que le permite relacionar, ahondar, contrastar –incluso cuestionarse– aprendizajes adquiridos en su período de formación teórica en el aula universitaria. El *practicum* acerca al futuro maestro o profesor a la realidad del aula escolar. Es un período de formación inicial que resulta excelente para aprender cosas que no están en los libros.

La efectividad de este período de formación depende tanto de la actitud y del quehacer del profesor experto que recibe en su aula al docente en prácticas, como de la actitud, las disposiciones y el trabajo personal del aspirante.

Cómo enseñar al aprendiz de profesor

Enseñar al estudiante-aprendiz de profesor es una tarea de ordinario temporal –unas semanas del curso académico– añadida a las múltiples tareas del profesor experimentado de secundaria en activo. El profesor en prácticas no es un profesor de apoyo, es un estudiante-aprendiz de la profesión docente y como tal su primordial tarea es aprender. La misión del profesor titular que le recibe en su aula en pleno curso es la de enseñar al aspirante a profesor.

"No tiene sentido dar respuestas a quienes no se han planteado la pregunta", escribió el profesor e investigador de pedagogía José Manuel Esteve (1993). Por lo tanto, la primera tarea del profesor-tutor-enseñante es la de crear inquietud en el joven aprendiz. ¿Cómo? Podemos concretarlo en cuatro acciones: 1) Preparar a fondo la clase, es decir, determinar qué objetivos quiere enseñar al aprendiz en cada clase; 2) Antes de entrar en el aula, advertir al aprendiz en qué concretamente debe poner atención ese día; 3) Realizar un breve intercambio de impresiones al terminar la clase; 4) Procurar fomentar la curiosidad del aprendiz formulándole preguntas cuyas respuestas el profesor-tutor-enseñante deja en el aire para hacer pensar al aprendiz.

En este contexto, los problemas del maestro de educación infantil y primaria son muy diferentes de los del profesor de secundaria. Por lo tanto, el enfoque de las prácticas de un estudiante para ser maestro ha de ser necesariamente muy diferente al de las prácticas para ser profesor de secundaria. En el primer caso las prácticas forman parte de la carrera de Magisterio (cuatro años de carrera orientada a la profesión docente) en la que se estudia –entre otras materias– psicología, didáctica, programación de unidades didácticas, etc. En cambio, el *practicum* para un profesor de secundaria está integrado en un postgrado, esto es, un máster que se realiza después de cuatro años de una carrera no enfocada a la docencia, sino a ser un físico profesional, un historiador, un matemático, un químico, un ingeniero, etc. El enfoque es totalmente distinto. Sin embargo, tanto a unos aprendices como a los otros, de ordinario, les preocupa más conseguir la disciplina en el aula que los contenidos.

En la escuela se enseña a hablar, a leer, a escribir, a contar, a dibujar, pero no a escuchar ni a perdonar ni a servir, o al menos parece que estas actividades tan importantes se enseñan poco; lo que queremos decir con esto es que estas enseñanzas (escuchar, perdonar y servir) no están de manera explícita en el currículo escolar oficial. El profesor-tutor-enseñante no puede omitirlas al formar al aspirante a profesor. En este sentido y parafraseando al profesor Esteve, se trata de enseñar al aprendiz a ser *maestro* –en el sentido más amplio de la palabra– de humanidad *a través* de las materias que enseña, o quizás *a pesar* de las materias que enseñe.

Aprender a ser profesor

¿Con qué dificultades se encuentra realmente el futuro docente para aprender su profesión? "El primer problema –decía Esteve en ese mismo artículo, dirigiéndose al joven aprendiz– consiste en elaborar tu propia identidad profesional. Esto implica cambiar tu mentalidad, desde la posición del alumno que siempre has sido hasta descubrir en qué consiste ser profesor". Este cambio supone una gran y profunda reconversión; es decir, de ser un estudioso –o un investigador– de una determinada materia, pasar a ser: 1) Un transmisor de conocimientos adquiridos, de valores y de "certezas que la humanidad ha ido acumulando con el paso del tiempo"; 2) Un *servidor* del aprendizaje de los alumnos; 3) Un experto en descubrir el nivel, los intereses y el sentir de los estudiantes para así poder dar clase para todos; 4) Un interesado en encender el deseo de aprender de los alumnos y en saber ganarse la atención de ellos; 6) Un buen líder, es decir, un organizador de la clase, que permita al profesor enseñar con gusto y a los alumnos aprender también con gusto; 7) Un buen comunicador grupal, esto es, que "sabe escuchar y sabe preguntar", que cuida el lenguaje verbal y el gestual.

Una joven maestra principiante nos cuenta la experiencia difícil que vivió en su *practicum* y que supo convertir en un gran aprendizaje. La transcribimos a continuación, pues nos parece que da mucho que pensar:

Me tocó hacer el practicum en un aula de quinto de primaria. En clase ayudaba a los niños a hacer los ejercicios y trabajos que su profesora les ponía, que era la tutora del grupo-clase; en el patio jugaba con ellos. Estaba convencida de que mi relación con ellos era muy buena. Cuando llevaba unas semanas de prácticas –haciendo ese papel– la tutora me propuso impartir una clase a esos alumnos. Acepté al momento. Llegó el día y lo recuerdo horrible. Me había preparado a fondo la clase, quería que me saliera muy bien. Sin embargo, sucedió que los niños no me prestaron atención alguna, no me escuchaban, hablaban sin parar todos a la vez, y alborotados solo querían jugar. ¡No tardé en darme cuenta de mi error! La imagen que los niños tenían de mí era la de una amiga "encantadora", no la de una maestra. Aprendí que a los alumnos no se les puede dar mensajes equivocados. Hay que actuar siempre conforme a la imagen que tú quieres que los alumnos tengan de ti.

En el período de formación práctica conviene que el aprendiz se pregunte qué imagen quiere él tener en el aula dando clase y fuera de ella. Es decir, –como aconsejaba y explicaba Esteve (2008b)– el aspirante a profesor ha de definir qué papel profesional quiere adoptar: ¿el de académico-especialista alejado de los intereses reales de sus alumnos?, ¿el de amigo y compañero de ellos?, ¿el de la persona que *pisa fuerte*? O, por el contrario, ¿el de estar al servicio de sus alumnos?, ¿el de ser un gran profesional de la educación, altamente competente, entusiasmado con lo que hace? Dar respuesta (el aprendiz en prácticas) a estos interrogantes es decisivo para *elegir* qué tipo de profesional quiere ser antes de convertirse en profesor o en maestro. Esta elección, pensada y tomada a conciencia, sin lugar a dudas, le va a ayudar a no perder el sentido y la dirección de su importantísima labor cuando lleguen –como sucede en todas las profesiones– los cansancios, las dificultades, o los sinsabores.

Aprender a ser profesor requiere conocer en qué consiste y qué comporta la profesión docente. Ciertamente este aprendizaje requiere una *formación teórica* académica y una *formación práctica* en el aula escolar. Estas prácticas son un requisito indispensable para el ejercicio profesional. De hecho, estos estudiantes necesariamente deben elaborar una memoria escrita de las prácticas realizadas. No obstante, dada la complejidad y la múltiple diversidad de situaciones que se dan en un aula escolar, en esas prácticas no es posible abordar en su totalidad la pluralidad de escenarios, realidades, circunstancias, o como quiera llamárseles, que se presentan en un aula escolar. Por lo tanto, al profesor principiante, en el día a día, le surgirán nuevos interrogantes que tendrá que resolver. En este sentido, nos parece clave que un objetivo principal de las prácticas de inicio a la profesión docente sea fomentar *las ganas de aprender* de los futuros profesores y su *disposición a cambiar,* es decir, fomentar dos requisitos necesarios para mejorar de manera constante en la vida profesional.

El profesor sustituto

Para muchos profesores la manera de iniciarse en la docencia es haciendo una sustitución, es decir, cubriendo la ausencia o baja temporal de un profesor titular –en plantilla– del centro escolar. Convertirse en profesor sustituto significa iniciarse en la enseñanza con un *contrato temporal* tras una –más o menos– larga espera.

El profesor sustituto suele ser una persona joven, cualificada, sin experiencia docente –o con una experiencia breve– que lleva la misma carga docente que un profesor experimentado, contratado a tiempo parcial o a tiempo completo. Se trata de un profesor en situación de interinidad. Para algunos el profesor sustituto es el gran desconocido.

No son pocos –padres, alumnos, propios colegas, incluso la dirección del centro– los que piensan que «una semana o unos meses con un profesor sustituto es un período del curso imprevisible». Es más, algunos de ellos perciben esa circunstancia como una contrariedad en la marcha del curso escolar. De hecho, la labor docente del profesor sustituto no es tarea fácil. En este sentido, las relaciones del profesor debutante con la dirección del centro educativo, con los compañeros-colegas y muy en particular con el profesor titular al que sustituye –¡cuando sea posible!–, son decisivas y determinantes para el éxito o fracaso de la sustitución.

El sentir del profesor sustituto

Parafraseando a José Manuel Esteve, Soledad Franco y Julio Vera, los sentimientos iniciales del profesor sustituto son contradictorios. Por un lado, siente alegría de tener un trabajo –que quizá ha llegado tras una larga espera–, por otro, siente miedo, responsabilidad y confusión. Se trata de un trabajo transitorio –a veces fugaz– que es difícil desligarlo de la incómoda sensación de provisionalidad y de incertidumbre, que siempre hacen difícil tener unos objetivos a largo plazo y unas expectativas. El profesor sustituto de ordinario tiene que *lidiar* –de manera continua– con situaciones inesperadas sin una preparación específica para su manejo, lo que le supone un sobreesfuerzo enorme realizarlas, sin olvidar las antipáticas comparaciones que siempre están presentes. Los alumnos saben que el profesor recién llegado va a estar con ellos un período más o menos corto y probablemente no les va a calificar. Esas circunstancias suelen repercutir negativamente en el comportamiento y las actitudes de algunos alumnos. Reproducimos lo que nos dice una joven profesora que ha estado en diversos centros escolares como profesora sustituta:

> *Para mí el sentimiento más costoso y constante a lo largo de todo el período de la sustitución, es el de una profunda soledad. Nadie gasta tiempo en ti porque sabe que te vas a ir. Te sientes desubicada. Echas de menos una carpeta en la que conste el organigrama del centro, el e-mail de cada uno, la normativa interna. Aunque se trate solo de un papel y resulte frío, es mejor que nada.*
>
> *¡Hay que ser polivalente! La variedad de tareas que te piden, de aulas a las que atender y de materias a impartir, es enorme y cambiante. Hacer bien una sustitución pide tener experiencia docente, saber improvisar, tener capacidad de adaptación y ser una persona flexible. Sin embargo, la mayoría de los profesores sustitutos somos recién graduados y –lógicamente– carecemos todavía de esos atributos. A mi modo de ver, aunque sea paradójico, me parece que se trata de un trabajo más para docentes experimentados –que saben de casi todo y tienen muchos recursos– que para profesores noveles.*

En esas circunstancias es clave la presencia de un profesor-mentor, esto es, un profesor-guía, experimentado, del mismo centro educativo, para que oriente y acompañe al profesor debutante. Lo que queremos decir es que la atención a los profesores principiantes –sustitutos o de plantilla– es del todo precisa para una buena docencia. Dominar la materia que imparte el profesor es fundamental, pero no es suficiente. Ser un buen profesor requiere mucho más.

Qué hacer antes y durante la sustitución

Hay sustituciones previstas y que por lo tanto pueden programarse y prepararse con gran antelación, por ejemplo, una baja por maternidad. Aunque no es lo mismo atender una suplencia al inicio del curso académico que cuando el curso ya está en marcha y los alumnos, por así decir, están acostumbrados a la docencia del profesor titular. Las comparaciones surgen casi inevitablemente y a veces gestionarlas es complicado. No dejan de ser un problema añadido.

Lo ideal es que el profesor-suplente pueda informarse sobre la escuela antes de *aterrizar* en ella como sustituto y así poder prepararse a fondo. Es más, visitar la escuela unos días antes le será de gran ayuda, en particular conocer al equipo directivo, al profesor que sustituye y a otros colegas del centro. ¡El primer día de clase es decisivo! Puede decidir cómo será todo el período –o buena parte– de la sustitución. El profesor sustituto necesita saber con antelación a qué cursos va a entrar y qué materias va a impartir (contenidos y cronogramas); conocer el lugar de trabajo (aulas, sala de profesores, comedores, laboratorios, etc.); tener en mano su horario personal; conocer el código de vestimenta de la escuela y la normativa interna del colegio.

Sin embargo, muchas sustituciones no están programadas porque son imprevistas, inesperadas, por ejemplo, las que son ocasionadas por una enfermedad o una situación familiar grave repentina y que necesariamente el profesor de aula tiene que atender. Cuando eso sucede el profesor suplente de ordinario es llamado justo el día anterior a su incorporación al colegio o incluso a veces la mañana del mismo día que se le necesita. En ese caso su preparación previa a su nuevo trabajo eventual es francamente difícil por no decir imposible. «¡Lo único que sabe es el nombre del centro y que el profesor titular está de baja!». En un caso así, siempre será una ayuda –aunque sea pequeña– llegar pronto ese día al nuevo y desconocido colegio. Las prisas nunca ayudan, la calma y el sosiego alivian y aplacan inquietudes y nerviosismos. En ese caso, la acogida dispensada por parte del equipo directivo y la de los profesores-compañeros es clave.

A veces sucede que el profesor titular deja unos objetivos determinados de su asignatura –unos ejercicios o problemas, unas prácticas, un proyecto– para que el profesor suplente los lleve a cabo durante su baja laboral. En realidad, se trata de un trabajo con el que el titular va a contar a la vuelta de su baja. Por lo tanto, el profesor suplente no debe eludirlo, sino abordarlo. Sin embargo, eso no significa que lo aborde dejando al margen su propio estilo docente, sus propias expectativas y sus reglas que comunicará a sus alumnos.

Otro tipo de sustituciones son las «guardias de clase». Son suplencias en el propio centro escolar que consisten en cubrir la ausencia puntual –una hora de clase, un día determinado– de un profesor-compañero del propio centro. «La hora de guardia» es una actividad contemplada habitualmente en el horario del profesor. De ordinario el profesor de guardia no imparte la clase del profesor que ha faltado, sino que se centra en comunicar a los alumnos el trabajo que el profesor de aula (ausente ese día) ha determinado y comunicado al centro –por escrito o verbalmente– y que los alumnos tienen que realizar. De hecho, las tareas del profesor de guardia son de orientación de esas actividades y de velar por la buena convivencia en el aula. Sus tareas son menos variadas.

Una ocasión para aprender

Ni que decir tiene que una sustitución –de un período más o menos largo, unas semanas o unos meses– en un centro educativo puede convertirse en un período de intenso *aprendizaje-práctico* para desempeñar el oficio de profesor. Lograrlo en buena parte depende del profesor suplente, de su actitud, de sus ganas de aprender, de su capacidad de atención y observación en relación a todo lo que sucede a su alrededor. De hecho, según avanza la sustitución las cuestiones y situaciones a resolver que le surgen al profesor interino son cada vez más. Algunas las podrá resolver preguntando a sus compañeros (profesores experimentados), otras observándolos.

Vale la pena subrayar que, para ser un buen profesor no basta con tener solo unos conocimientos de la materia que imparte. Se precisan, además, unas actitudes, unas habilidades y unas capacidades. Una sustitución puede ser una magnífica ocasión para descubrirlas y aprenderlas.

El profesor nuevo

"Los estudiantes que realizan su proceso de formación inicial como futuros profesores –escribe la profesora Mercedes Blanchard (2012)– tienen un reto importante: superar los modelos del pasado en los que ellos mismos han sido educados". El hecho de haber asistido a la escuela desde una edad temprana, inevitablemente, permite acumular unos conocimientos sobre los docentes y su trabajo. No obstante, estamos convencidos de que una prolongada relación con la escuela –sin ser profesor– no basta para tener una idea clara de lo que realmente supone e implica ser profesor. Ser profesor requiere necesariamente una formación teórica y práctica, unas aptitudes, unas actitudes y unas disposiciones personales determinadas.

Los inicios en la profesión docente no son fáciles para la gran mayoría de los recién llegados a una escuela por primera vez como profesores. Pronto descubren la gran cantidad de tareas que hay que aprender a realizar, las múltiples y variadas situaciones que se presentan en el aula y fuera de ella, la falta de tiempo para atender debidamente a numerosas responsabilidades. Estos descubrimientos dan paso a sus primeras preocupaciones e inquietudes.

Puede suceder, además, que en el aula los alumnos no sean como el profesor principiante se había imaginado. Las mayores preocupaciones y dificultades realmente surgen cuando inicia su trabajo dentro del aula. Según el curso avanza las cuestiones a resolver por parte del joven profesor van aumentando. Está claro que el profesor nuevo necesita una ayuda, pero una ayuda pensada, organizada y bien estructurada en el mismo centro escolar, esto es, la ayuda de un profesor experimentado que le oriente, le acompañe y le guíe de manera personalizada: un mentor.

El sentir del profesor principiante

El primer año como docente, de ordinario, es una etapa compleja y difícil para la inmensa mayoría de los profesores. "Hay incertidumbre, nerviosismo, ganas de hacer bien las cosas" (Londoño,

2018). Es una etapa en la que surgen miedos diversos que el profesor primerizo tiene que afrontar. Los miedos más habituales –destaca María Prieto Ursúa– son de tres tipos: 1) Los miedos relacionados con la calidad de su trabajo, por ejemplo, a no llevar la clase bien preparada, a que los alumnos no aprendan, a ser aburrido, a no dar el contenido más actualizado y más relevante; 2) Los miedos relacionados con la evaluación de su competencia y su trabajo, por ejemplo, a no ser bien valorado por los alumnos, por los padres de estos o por los propios colegas, miedo a parecer incompetente y a perder su puesto de trabajo; y 3) Los miedos relacionados con el trato social-personal con los alumnos, con los padres de estos o con los propios compañeros de trabajo, por ejemplo, miedo a tener problemas en el aula y no poder conseguir la disciplina que permite al profesor enseñar, tener algún problema con los padres (desconfianza o descontento, falta de comunicación) o no estar integrado en el grupo de profesores del colegio o en el equipo de trabajo (Prieto, 2012).

¿Cómo manejar esos miedos docentes? Como explica Prieto Ursúa en el mismo artículo, se trata de mantener los miedos racionales –que sirven de aviso y de impulso para la acción– y de eliminar o minimizar los miedos irracionales –que son perjudiciales e inútiles–. Por lo tanto, el quid está en descubrir si las situaciones que provocan los miedos al profesor principiante tienen "una base o un fundamento en datos de la realidad" y, por lo tanto, indican "una situación problemática real o probable" que es mejorable, por ejemplo, el miedo a que los alumnos no aprendan en sus clases (miedos racionales). O bien, son "sobre-exigencias autoimpuestas" –por el nuevo profesor– que generan presión y agobio y no ayudan a trabajar con serenidad (miedos irracionales), por ejemplo, el miedo a «no saber responder a una pregunta de un alumno», hecho que puede interpretarse de maneras diferentes y que el profesor principiante lo considera del todo inaceptable para un profesor competente.

Algunos profesores principiantes ante sus miedos y problemas en el aula piden consejo u orientación a profesores que a la vez son sus compañeros en la misma escuela y tienen más experiencia. Otros, en cambio, no los comparten con sus colegas por el miedo a parecer incompetentes.

La mejor ayuda al profesor principiante

En el inicio de la vida profesional de un docente hay ilusión, pero también hay dificultades y problemas *nuevos para el profesor principiante* que le originan gran inseguridad. Algunas de esas situaciones difíciles el profesor-aprendiz las resuelve por el método de ensayo-error en soledad, otras preguntando a sus compañeros o bien observándoles en situaciones similares, y otras quizá con una buena lectura. La realidad es que la iniciación a la docencia-profesional supone al profesor-aprendiz un período de aprendizaje complicado, muy diferente al tiempo vivido en las aulas universitarias.

Estamos convencidos de que la mejor ayuda que puede ofrecerse a un profesor principiante es *una formación individualizada y un acompañamiento* por parte de un mentor, es decir, de un profesor experimentado del mismo centro escolar que –en un clima de confianza– le oriente de manera personalizada en las múltiples y diversas tareas profesionales, en sus miedos y preocupaciones, y en tantas situaciones nuevas para él (el aprendiz) que puedan presentársele en el aula y en la escuela en su totalidad.

"Uno de los principales objetivos de la mentoría –escribe Consuelo Vélaz (2009)– será fomentar o acrecentar en el principiante una actitud permanente de indagación, de afrontar los problemas como retos profesionales y no como riesgos personales, y de formular soluciones tentativas, debatirlas y contrastarlas. La mentoría tiene como fin ayudar a construir o mejorar el conjunto de competencias intelectuales, personales, sociales y técnicas que el docente novel ha de poner en juego para que sus alumnos aprendan". Estos objetivos y fines solo pueden alcanzarse en un clima de confianza, es decir, que permita o favorezca al profesor-aprendiz compartir sus problemas, dificultades, miedos, sinsabores y también sus alegrías si las ha habido, en relación a su trabajo profesional. El hecho de que el profesor novel sea más o menos activo al plantear al mentor las dificultades, preocupaciones y necesidades que tiene, es clave para la eficacia de la relación mentor-principiante.

Ser profesor nuevo requiere un aprendizaje personal en la misma escuela en la que trabaja el aprendiz; un aprendizaje activo, pensado y programado (un día de la semana, o del mes, y una hora), un aprendizaje que reclama la actuación profesional de un mentor, en un clima de confianza, sosiego y optimismo. Se trata de una relación mentor-aprendiz que necesariamente ha de ser aceptada y querida mutuamente por ambos profesionales, y que cuenta por parte del mentor con la comprensión y el aprecio hacia el aprendiz además del estímulo y la exigencia, y por parte del aprendiz con su permanente disposición a aprender.

El profesor "quemado" y el profesor "maduro"

Un profesor "quemado" es muy distinto de un profesor "maduro". El síndrome del profesor quemado –conocido también como el burnout docente– es «la sensación de malestar del profesor producida por un sobreesfuerzo relacionado con su trabajo, que suele ser la consecuencia de un estrés muy intenso o prolongado» sin recursos para afrontarlo (Rodríguez, 2020). Podría decirse –utilizando la expresión de José Manuel Esteve (2008a)– que este tipo de profesionales muestran la cara amarga y terrible de la profesión docente, la de aquellos profesores y profesoras que salen del aula llorando, que no aguantan más su trabajo. Profesores que no pueden responder a los desafíos a los que se enfrentan a diario en el aula. Evitar llegar a ese estado es clave en la vida del profesor, de la escuela y de la sociedad.

Cabe decir que el síndrome del burnout no es un padecimiento exclusivo del docente. Los profesionales más proclives a padecerlo son los que forman parte de colectivos cuya labor profesional se caracteriza por abundantes interacciones humanas, por ejemplo, el personal sanitario, el administrativo, los trabajadores sociales, los teleoperadores, además de los docentes.

En cambio, un profesor maduro es un docente que cuenta con una larga experiencia profesional que, por supuesto, puede estar o no quemado. En este artículo queremos referirnos al profesor maduro no quemado, aunque quizá sí cansado, incluso con pocas fuerzas, pero que ha disfrutado y sigue disfrutando en el aula estando ya cercana su jubilación, un profesor que mantiene y cuida la buena sintonía con sus alumnos a pesar de la diferencia de edad con ellos, esto es, un docente experimentado, que cuenta con una larga y grata trayectoria profesional y una excelente formación, y sobre todo que ama su profesión. Un profesional dispuesto a transmitir su saber hacer a otros profesores y que –con ilusión– está empeñado en convertir su jubilación en una etapa gozosa, de enriquecimiento personal, en un período en el que su aportación personal a la comunidad educativa cambia, pero no cesa. Se trata de un profesional que es un tesoro en cualquier centro educativo y en la sociedad actual.

El profesor quemado

Entendemos por un profesor quemado un profesional de la enseñanza descontento con su trabajo, decepcionado en el sentido de que las expectativas que tenía sobre lo que iba a ser su trabajo en las aulas, apenas tienen que ver con lo que sucede en su realidad diaria; un profesional que se siente derrotado ante las múltiples y variadas situaciones que se le presentan día a día. El interés propio por su trabajo es prácticamente nulo y la sensación de fracaso trasciende el ámbito laboral hasta afectar negativamente a otros ámbitos y aspectos de su vida, por ejemplo, el familiar, el social, el emocional. Como escribe el catedrático de Pedagogía de la Universidad de Barcelona, Francisco Imbernón (2020), "este malestar docente trae múltiples consecuencias: absentismo laboral, abandono de la profesión, enfermedades propias del profesorado, agotamiento emocional, ansiedad...".

"A la docencia –escribe la profesora Mari Cruz Molina (2008, p. XVI)– siempre se le ha otorgado la característica de ser vocacional, pero aun siendo así, la profesión puede llevar a niveles altos de insatisfacción y estrés si las condiciones laborales no son las adecuadas, los niveles de exigencia son excesivos, o no existen compensaciones suficientes". En este sentido, podrían considerarse desencadenantes del malestar docente: la falta de respaldo a la labor de los profesores, esto es, el insuficiente apoyo recibido tanto socialmente como por parte de las familias de los alumnos, la escasez de recursos materiales y formativos, las políticas erráticas, el hecho de tener un horario muy apretado, la indisciplina de algunos alumnos, el exceso de burocratización. "Lo cierto –escribe Imbernón (2020)– es que la profesión docente es una tarea ardua, de implicación emocional, compleja e intensiva. Según la OMS, –añade este autor– es una de las profesiones más estresantes". Evitar ese estrés –apunta Imbernón– pide comprensión, apoyo, mayor inversión, y no improvisación ni recortes ni críticas injustificadas.

Ciertamente hay profesores quemados y profesores entusiasmados con su trabajo. Es más, en muchas ocasiones los unos y los otros han desarrollado su actividad profesional en el mismo centro educativo, por lo tanto, en unas condiciones y circunstancias iguales o muy parecidas, e incluso a veces durante un período de tiempo similar. ¿Por qué unos se han quemado y otros no? La respuesta no es sencilla. Con el objetivo de dar alguna pista para vislumbrar la respuesta a esa pregunta, transcribimos a continuación el texto que nos escribe una profesora de secundaria cercana a su jubilación:

> *Estaba yo hablando de un tema de trabajo, en un despacho, con una profesora cuando ya al final de la conversación, de repente esa profesora se pasó a hablar de la jubilación. Me preguntó y le dije que yo no pensaba acogerme a la jubilación parcial cuando pueda hacerlo. Me preguntó por qué. Supe contarle lo mucho que siempre he disfrutado siendo profesora, lo mucho que disfruto todos los días, y que mi trabajo profesional es uno de mis grandes tesoros. Añadí que quiero seguir siendo profesora hasta el último minuto que pueda serlo: no regalo ni un segundo a ese "descanso" que tantos docentes anhelan (muchas veces de manera suplicante) y que esperan a que llegue como agua de mayo. Supe contarle también que, en todos mis años de actividad profesional, por supuesto, ha habido también disgustos, sinsabores, incomprensiones. Ella se quedó sin decir palabra. Al final de mi respuesta a su pregunta me emocioné un poquito (ella –me parece– también). Se quedó muy seria y me dijo que mi respuesta no le había sorprendido y que a ella le encantaría poder decir lo mismo. Las dos salimos del despacho y nos fuimos cada una a su aula. Hoy añade (para nosotros, los autores): ¡Mi trabajo tiene valor en sí mismo! Es maravilloso. ¡Su valor está al margen de tantas cosas que se ven!*

Necesitamos aprender a disfrutar de la actividad laboral, que el trabajo llegue a ser un espacio de crecimiento personal, de relación fructífera y gozosa con los demás. Lo importante no está en lo físico, sino en el corazón y en la imaginación de quien trabaja y sobre todo en descubrir que el trabajo tiene valor en sí mismo. Esta es la gran tarea de todos los profesionales, es la vía para ser un docente enamorado de su profesión.

El profesor maduro

El profesor maduro es un profesional que se encuentra en la recta final de su vida laboral. Hay muchos tipos de profesores maduros: entusiasmados, ilusionados, agradecidos, con proyectos de futuro, cansados, aburridos, resignados, quemados. La variedad es grande. Por supuesto que los factores determinantes para ser de un tipo u otro son diversos y muy variados: laborales, sociales, familiares, personales. Pero estos profesionales todos tienen dos cosas en común: una experiencia profesional vivida y la etapa de la jubilación a la vista.

En cuanto a la experiencia profesional acumulada, el profesor puede *enterrarla* o *transmitirla*. En cuanto a la jubilación, puede simplemente esperar a que llegue y cuando llegue improvisar qué quiere hacer, o por el contrario puede pensarla y prepararla serena y cuidadosamente con antelación. Se trata de elecciones básicas y fundamentales para el sentir profundo del profesor en esa etapa de su vida.

¿Qué hacer con la experiencia profesional docente acumulada? Lo primero es amarla, no calificarla de obsoleta ni anticuada por no ser reciente (¡por tener sus años!), es decir, no rechazar o descartar una metodología ni un modo de proceder, incluso ni un vocabulario, por el mero hecho de haber sido catalogado –por quién sea– como anticuado, sino ir al fondo de la cuestión, pues innovar es muchísimo más que un simple cambio de metodología o de un modo de proceder o de una simple sustitución de palabras. En segundo lugar, considerar que tener 30 o 40 años de experiencia (o los que sean) en la docencia, nunca es tener un año de experiencia repetido 30 o 40 veces, pues los alumnos todos son diferentes entre sí y las situaciones y las circunstancias que surgen en las aulas son múltiples y variadísimas, y –por supuesto– no es posible presentarlas todas en los libros ni en la formación inicial de nuevos profesores. Ahí reside parte del gran valor de la experiencia acumulada del profesor maduro. Sin lugar a dudas, transmitir (el profesor maduro) su experiencia profesional a otros profesores le enriquecerá como persona, le llenará de gozo y beneficiará a otros docentes y en consecuencia a la comunidad educativa.

Las vías para hacerlo son muchas: la mentorización, la escritura (artículos, libros), sesiones de formación de nuevos profesores, conversaciones.

¿Qué hacer ante la jubilación? No es suficiente esperarla o aceptarla, sino que sobre todo lo que hay que hacer –nos parece– es prepararla según va acercándose para convertirla en una etapa de enriquecimiento personal y gozo profundo del profesor. Hacerlo pide tiempo, imaginación, reflexión, hablarlo con otras personas en busca de un consejo u opinión, e incluso escribirlo. En el siguiente artículo ponemos atención a esta tarea clave en la vida del profesor maduro.

Conclusión

Hablar del profesor quemado nos ha llevado a hablar de la necesidad de descubrir el *valor del trabajo en sí mismo,* que –a nuestro modo de ver– probablemente está más al alcance de cada profesor que un apoyo social, gubernamental, administrativo, retributivo o del tipo que sea, que –por supuesto– en modo alguno minusvaloramos como elemento balsámico-curativo del *burnout* docente existente. Por otra parte, hablar del profesor maduro nos ha conducido a poner de manifiesto el valor incuestionable de la experiencia profesional acumulada del profesor y de la importancia que tiene pensar y preparar con antelación, serenidad e ilusión la etapa de la jubilación.

La jubilación del profesor

Para algunas personas jubilarse es sinónimo de *liberación*. Liberarse de unas obligaciones, unos compromisos, un trabajo. Una liberación –piensan– que les va a permitir *vivir mejor,* más cómodamente, quizá con menos esfuerzo y alejadas de la multitarea estresante. Podría decirse que para ellas jubilarse es equivalente a *descanso merecido* tras un largo período de trabajo –intenso o no– del que apetece vivamente alejarse. Se trata de un sentir compatible con el sentimiento de misión cumplida y les atrae la hora del relevo. Les ilusiona comenzar una etapa que les va a permitir hacer cosas que estando *en activo* les era imposible –o al menos muy difícil– llevar a cabo. Se sienten liberadas.

Para otras personas jubilarse es sinónimo de *arrebatarles* la vida profesional, de despojarles de una vocación inherente a su persona, de apartarles de unas tareas que han llenado gozosamente una gran parte de su vida, año tras año, tareas que han llenado además su interioridad. Podría decirse que para esas personas jubilarse es también sinónimo de misión cumplida, pero, además, en su caso se trata de una misión que ha sido aceptada gustosamente, amada y vista por ellas mismos como maravillosa. Una misión con unas tareas de las que ahora toca separarse y cuesta hacerlo porque el corazón se queja enérgicamente. La persona en esa situación siente que se le arrebata un tesoro. Este sentimiento suele presentarse en personas convencidas de que una de las mejores cosas que les ha pasado en su vida ha sido ejercer la profesión que eligieron en su momento, hace muchos años, que han disfrutado con su práctica y que agradecen a Dios su vocación profesional.

Está claro que hay muchas otras maneras de percibir la jubilación cuando llega a la vida de las personas. El que sea de un modo u otro tiene mucho que ver con lo que ha significado realmente la práctica profesional de tantos años para cada uno. La manera de recibir la jubilación también es diferente según sea voluntaria en el momento legislativo previsto y estipulado o por el contrario se trate de una jubilación adelantada-forzosa, por ejemplo, por un reajuste de plantilla de la empresa, institución educativa o compañía en la que uno está empleado.

La etapa de la jubilación no solo hay que esperarla y aceptarla, sino que además y sobre todo hay que prepararla con antelación suficiente. El quid de la grandeza y felicidad de la jubilación no está en considerarla únicamente un tiempo de descanso –que también–, sino que, además, está en considerarla una etapa de posible enriquecimiento personal y de convertir esos años en un tiempo *de hacer cosas que a uno le gusten* y disfrutar haciéndolas, lo que por supuesto no quiere decir que en ese tiempo no habrá ni surgirán cosas que a uno no le gusten y tenga que atender.

El psicólogo Miguel Silveira refiriéndose a la jubilación afirma que "el aumento de la edad no tendrá mayor repercusión sobre el estado de ánimo o la salud porque son otras variables las que más afectan" (Lantigua, 2011). Por ejemplo, el hecho de haber centrado casi con exclusividad su vida en el trabajo, si la persona tiene o no aficiones, o el grado de voluntariedad que ha habido a la hora de jubilarse, explican Silveira y la psicóloga María Dolores Ortiz.

Preparar la jubilación

La jubilación hay que prepararla. Con la cabeza y con el corazón. Hay personas que varios años antes de jubilarse saben qué querrán hacer en esa futura etapa, incluso la esperan con ilusión. Sin embargo, otros simplemente la esperan en vacío, es decir, ven que se va acercando sin saber qué van a hacer, qué quieren hacer o qué les gustaría hacer. Una jubilación plena y feliz pide tres requisitos: el primero es pensarla y prepararla con antelación, incluso escribir los planes en un papel; el segundo, convertirla en una etapa de *hacer cosas que a uno le gusten*; y el tercero, cultivar las relaciones sociales, además de recuperar amistades olvidadas y aficiones abandonadas.

Preparar la jubilación es aceptarla, pensarla con calma, incluso imaginarla. Para ello hay que explorar posibilidades, hacer gestiones diversas, recabar información y contrastarla confiadamente con terceros y escuchar su parecer, y finalmente escuchar al propio corazón para decidir en qué voy a convertir esa etapa de mi vida. Es una tarea planificadora que conviene comenzar dos o tres años antes de que llegue la jubilación ya vislumbrada.

En definitiva, se trata de preparar con ilusión, profundidad y sin prisas una etapa –que está por llegar– de manera acorde a los gustos propios y al estilo personal del futuro jubilado. Vale la pena considerar que la improvisación de ordinario va unida a la ineficacia y a la insatisfacción personal. En este sentido, preparar la jubilación es también pensar en cómo orientar los últimos años de ejercicio profesional en la entidad, empresa u organización en la que uno es empleado. En el caso particular del profesor, se trata de pensar cómo enfocar la propia actividad docente en la institución educativa a la que pertenece y en breve abandonará. Esta planificación va desde pensar cómo traspasar generosamente la experiencia profesional propia adquirida durante tantos años, hasta *la dejación paulatina* de tareas y proyectos que exigen en su finalización la presencia física de su líder o responsable. Como se dice en las carreras de relevos, hay que saber *pasar el testigo*. El profesor debe prever y preparar su marcha del centro educativo al que pertenece.

Vivir la jubilación

Vivir la jubilación es vivir una nueva etapa de la vida, también para el profesor. Es un período –¡para algunos de muchos años!– para hacer muchas cosas adaptándose a nuevos ritmos y a nuevos escenarios, un período para seguir aprendiendo; leer más; escuchar música tranquilamente; colaborar en algún voluntariado; acompañar a los demás (familia, amigos, vecinos, etc.) sin mirar el reloj; hacer ejercicio con mayor asiduidad –por ejemplo pasear– o tal vez iniciarse en la práctica de algún deporte; es también un tiempo para descubrir nuevos horizontes, despertar intereses y poner en marcha nuevos proyectos, por lo tanto, para desarrollar aptitudes y capacidades personales. En definitiva, es una etapa para *seguir creciendo*. Lo importante es que uno no esté sin hacer nada, sino que esté activo, tanto como sus fuerzas y su salud le permitan. Las posibilidades para lograrlo son múltiples y variadísimas. La jubilación es una etapa susceptible de vivir con gozo e ilusión.

Al llegar a la jubilación puede haber una pérdida del valor adquisitivo, es decir, los ingresos económicos del jubilado suelen disminuir. A esa pérdida económica puede sumarse una pérdida de estatus, de valoración social de la persona jubilada, y una disminución de sus fuerzas físicas y sus capacidades. Ni que decir tiene que el profesor jubilado no es una excepción a esas posibles circunstancias. Ciertamente hay quienes asocian la palabra "jubilado" a la imagen de una persona «con afecciones o indisposiciones leves y frecuentes como consecuencia de la edad». Sin embargo, según el profesor de sociología Gerardo Hernández (2009, p. 66), "la realidad de millones de jubilados no tiene nada que ver con esta imagen asociada a un anciano achacoso".

En cuanto a la posible pérdida de estatus social (reconocimiento social), ocurre como en tantas otras *pérdidas* que llegan a la vida de una persona: mientras que para unos es un sufrimiento, para otros es una liberación y para otros es algo del todo indiferente a lo que no le prestan ni la menor atención. En todo caso, vale la pena tener en cuenta que al margen de lo que sienta y viva cada uno ante esa posible situación de merma social, lo realmente cierto es que un cambio de estatus social no tiene capacidad para alterar en modo alguno la profesionalidad, las actitudes personales, el modo de hacer, la forma de tratar y atender a los demás, los resultados logrados y todo un etcétera larguísimo de la vida profesional ya ultimada de una persona, lógicamente también del profesor. Esta lista larga con su etcétera incluido es lo que verdaderamente cuenta –o debería contar– al jubilado ante tal situación de merma social, pase lo que pase.

En cuanto a la pérdida o disminución de fuerzas y capacidades, la realidad es que con el paso de los años alcanza irremediablemente a todas las personas, pero no con la misma intensidad o grado ni a la misma edad. La variedad es muy grande. Aunque hay un cierto rechazo al envejecimiento de la persona, todos sabemos que es un proceso imparable que conviene aceptarlo tanto en primera persona como en todas las demás personas verbales. «Yo envejezco y los demás –incluidos los que quiero– también envejecen». Una manera eficaz de conseguirlo quizás es aprendiendo a mirar al corazón de la persona más que a su componente exterior.

Vivir la jubilación es vivir una etapa de la vida en la que es clave ponerle atención. El profesor en modo alguno es una excepción a esta afirmación. Vale la pena empeñarse en que sea un tiempo gozoso tanto por lo que uno hace como por lo que supone en sus relaciones con los demás, incluidos –por supuesto– los antiguos alumnos. Está en juego la felicidad propia y la de los que están en nuestro alrededor.

2

Algunas situaciones de la vida profesional del profesor

La multitarea del profesor

Uno de los encantos de la escritura es que cautiva plenamente la atención. No se puede escribir un artículo mientras se hace otra cosa, ni puede hacerse una tesis doctoral dedicándole media hora todos los días. Al menos esa es nuestra experiencia. Por eso, nos ha intrigado mucho la habitual defensa de la multitarea, a veces incluso asignada como una ventaja genérica a las mujeres. Nos gusta recordar aquello de Ralph W. Emerson: «La concentración es el bien, la dispersión el mal». Y esto se ve a menudo en las aulas que tanto profesores como alumnos tienen su atención fragmentada entre varias tareas.

Una estudiante universitaria que comienza el día haciendo una breve tabla de gimnasia y a la vez escucha su música favorita, nos cuenta su experiencia sobre hacer dos cosas a la vez. La transcribimos a continuación, pues puede darnos pistas de que quizás hay tareas que requieren diferente nivel de atención:

> *Me doy cuenta de que cuando hago mi breve tabla de gimnasia –todas las mañanas– mi atención está puesta, sobre todo, en hacer bien cada uno de los ejercicios, más que en la música que me acompaña. Sin embargo, la música no solo la oigo, sino que la escucho,*

pues no me da igual una música que otra. Escuchar requiere poner atención, pero para mí en ese rato escuchar es secundario. Lo prioritario son los ejercicios físicos que hago, hacerlos bien. Es decir, hago dos cosas dando prioridad a una de ellas. Hago dos cosas a la vez. En cambio, yo no puedo escribir ni leer con música. Cuando escribo o leo, la música ha de estar ausente. Para mí, leer y escribir requieren toda mi atención.

Si buscamos en el *Diccionario de la lengua española* el significado del término "multitarea", podemos leer: «Dicho de un sistema informático: que puede ejecutar varios programas o varias tareas de manera concurrente». La *multitarea de las personas* se define en Google como «la capacidad humana de realizar dos o más tareas de manera simultánea y efectiva». La *multitarea en las personas* está presente en las aulas, en el ámbito laboral, en el ocio, en el hogar y sobre todo en los jóvenes. Se ha pretendido darle una imagen de eficiencia, brío, prontitud, productividad y se ha asociado a un modo de vivir actual, ágil y moderno. Para algunos la multitarea es una capacidad humana. Sin embargo, para otros, convencidos de que esa *imagen* no se ajusta a la realidad, aseguran que hablar de *multitarea en las personas* es hablar de un mito, incluso de una trampa.

La investigación ha demostrado que "la gente *no* es capaz de hacer varias cosas a la vez y puede, en el mejor de los casos, cambiar rápida y aparentemente sin muchos problemas de una actividad a otra (Álamo, 2018)". Por ejemplo, pretender chatear con alguien por vía de mensajería instantánea, responder un correo electrónico y participar en una reunión online, son tres tareas que el cerebro humano no permite hacerlas *a la vez*. Vale la pena considerar que alternar entre tareas de manera consecutiva y de forma rápida o muy rápida es diferente de realizarlas todas a la vez. En el primer caso, hay que hablar de una habilidad humana. En el segundo caso (realizarlas todas a la vez), hay que hablar de una realidad posible para las computadoras, es decir, para máquinas.

Por otro lado, algunos "los nuevos hábitos de consumo –leemos en la prensa– buscan bajar la velocidad de nuestro ritmo de vida, promover la calma, mantener una dieta saludable y respetar el entorno" (Fernández, 2021). Con estas palabras la periodista Carmen Fernández ponía de manifiesto que muchos ciudadanos anhelan bajar el ritmo en su jornada y aspiran a tener calma en todo lo que hacen; un ansia y un deseo que a primera vista parecen difíciles de combinar con el hacer varias cosas *al mismo tiempo*. En realidad, la multitarea consiste en hacer las cosas una detrás de otra de manera rápida o muy rápida, poniendo atención en las diversas cosas de manera puntual, secuenciada, fragmentando la atención y arruinando la concentración.

El mito de los profesores multitarea

Como escribe Javier Álamo (2018), "los seres humanos, debido a su arquitectura cognitiva son capaces de hacer más de una cosa a la vez *solo* si *todas* las actividades que están llevando a cabo están completamente automatizadas", es decir, que hacemos de forma mecánica, que no requieren atención, por ejemplo, caminar y mascar chicle a la vez.

Una de las grandes sorpresas del profesor principiante –entusiasta e ilusionado– es comprobar, en sus inicios profesionales, la gran cantidad de tareas que comporta la práctica de la profesión docente: programar las asignaturas; preparar e impartir clases presenciales y telemáticas; preparar exámenes, pasarlos a los alumnos, corregirlos y calificarlos; corregir trabajos diversos de los estudiantes; evaluar su aprendizaje y orientarles; introducir notas en una plataforma telemática; atender a la diversidad que comporta un aula inclusiva; organizar actividades extraescolares; asistir y participar en diversos tipos de reuniones tanto en el centro educativo en el que trabaja el profesor como fuera de él; informar a los padres de sus alumnos sobre el rendimiento escolar de sus hijos (alumnos del profesor) y coordinar con ellos actuaciones educativas; cuidar algún descanso-patio o comedor; rellenar impresos burocráticos; y un etcétera en el que necesariamente están incluidas también las actividades que requiere su formación permanente.

Está claro que las tareas del profesor (telemáticas o no) son numerosas y parece necesario saber «moverse con *facilidad*» entre ellas. Ni que decir tiene que se trata de tareas que no están automatizadas, es decir, que son tareas que requieren un proceso cognitivo (la memoria, el lenguaje, la percepción, el pensamiento, la atención). Por lo tanto, hablar de la multitarea del profesor *realmente* es hablar de realizar una tarea detrás de otra muy rápidamente. En este sentido, por ejemplo, impartir una clase y a la vez imprimir un documento en una fotocopiadora situada fuera del aula, responder un e-mail y preparar una entrevista con los padres de un alumno, es un modo de no hacer ninguna de esas cuatro tareas de forma eficaz y beneficiosa, además de ser altamente estresante.

¿Qué pasa realmente cuando alguien –¡incluido el profesor!– pretende, intenta o trata de llevar a cabo varias tareas a la vez? Como explica Álamo, puede hablarse de la habilidad para cambiar rápidamente de tarea. No obstante, aunque hablemos de «habilidad», no significa que el resultado sea satisfactorio. De hecho, ha sido ampliamente demostrado –explica este autor– que esos comportamientos dificultan el aprendizaje y los resultados en las tareas que se realizan son más pobres.

En definitiva, intentar hacer varias cosas a la vez dificulta concentrarse, impide priorizar con serenidad tareas, decidir bien, disfrutar con lo que se hace y estresa a la persona. La supuesta y aparente multitarea del profesor *complica* altamente la hermosa y relevante tarea educativa del profesor, que siempre requiere poner gran atención en todos y cada uno de sus quehaceres.

El papel del profesor ante la multitarea de los alumnos

A los adolescentes se ha llegado a llamarles «generación multitarea» aduciendo que "pueden llevar a cabo varias tareas al mismo tiempo mucho mejor que los adultos" (Chacón, 2015). Lo primero que tenemos que decir es que hoy en día sabemos que la multitarea en las personas no existe: ni en los adolescentes ni en los jóvenes ni en los adultos. Lo segundo es que la *aparente* multitarea dificulta en las personas poder concentrarse en lo que están haciendo: escuchar, leer, estudiar, elegir, trabajar, etc. Esta carencia lentifica llevar a cabo cualquier acción e incrementa la posibilidad de cometer errores. Por lo tanto, repercute negativamente en el rendimiento escolar-académico. El alumno ha de conocer esa realidad.

¿Qué podemos hacer los profesores para evitar la multitarea en el aula? Como tantas veces hemos dicho, los alumnos aprenden mucho más por lo que hace el profesor que por lo que dice. Lo que queremos decir es que no basta en explicar a los alumnos, la importancia que tiene la concentración en el estudio y darles a conocer los efectos negativos de la multitarea en el aprendizaje. El profesor –además– tiene que procurar eliminar cualquier situación de multitarea en el aula. ¿Cómo hacerlo? En primer lugar, con su modo personal diario de trabajar, en particular en el aula, haciendo las cosas de una en una. En segundo lugar, con el modo de organizar el aula; en este sentido, vale la pena tener en cuenta que es labor del profesor "saber dónde y cuándo debe estar presente la tecnología (por ejemplo, cuando los alumnos deban consultar algo, para colaborar online, etc.) y cuándo es una mala idea" (Álamo, 2018). Con estas palabras que citamos no queremos decir que estemos en contra de utilizar la tecnología, sino que conviene evitar que las pantallas en el aula se conviertan en elementos distractores para los alumnos, es decir, evitar que puedan favorecer o fomentar la multitarea en el aula.

En conclusión, el cerebro humano no permite hacer varias tareas a la vez; por así decir está preparado para hacerlas de una en una. A su vez, para ser eficientes, productivos, elegir bien y disfrutar con lo que hacemos, es clave saber concentrarse. Esto significa *aprender* a focalizar la atención en lo que se está haciendo, en la tarea que se tiene entre manos y solo después en otra. El profesor no debe desentenderse de ese *aprendizaje* ni a nivel personal ni como educador-formador de sus alumnos, aunque se trate de un contenido ausente en el currículum oficial.

El profesor como verdadero *influencer*

«Un *influencer* es una persona que tiene presencia y credibilidad en las redes sociales (Facebook, Instagram, YouTube, Twitter)». Se trata de una mujer o un varón que influye en las decisiones y los comportamientos de sus *seguidores*. No hace falta ser un famoso. Basta con que esa persona se gane el reconocimiento y la confianza de un grupo de personas. Dicho en otras palabras, un *influencer* o un «influenciador» es una persona que inspira confianza a un público concreto y, en consecuencia, su opinión se tiene en cuenta.

Los *influencers* se caracterizan, además, porque continuamente comparten información sobre temas muy diversos, están en la vanguardia de la moda y de todo lo que sucede. Dan a conocer una marca, una actividad, un lugar, un evento. Brindan su opinión y recomiendan. ¿Qué necesitan? Un buen producto y que su mensaje llegue a los anhelados seguidores-objetivo. Su disponibilidad es clave, están en constante comunicación y han de estar dispuestos a perder cierta privacidad.

Sin embargo, para ser un verdadero *influencer* –añadimos la palabra "verdadero"– no basta con ser alguien que influye en las decisiones de los demás, pues –en mayor o menor medida– todos influimos de un modo u otro en las personas que tenemos a nuestro alrededor, ni tampoco es suficiente tener un número más o menos grande de seguidores. Un verdadero *influencer* es alguien que sabe a fondo de un tema, se convierte en un especialista y se transforma en un referente. La influencia del verdadero *influencer* no afecta únicamente a conductas externas, sino que afecta además a convicciones internas. Este es el caso del profesor, del maestro en el sentido más amplio de la palabra. Estamos convencidos de que «un gran maestro puede cambiar la vida de uno –o más de uno– de sus estudiantes», pues su docencia sobrepasa las aulas. Por así decir, está comprometido con la vida de su alumno dentro y fuera del aula.

El verdadero *influencer* no se queda en cuestiones superficiales o triviales –tendencias, modas, lugares, postureos, frases bonitas– sino que va más allá, llega más adentro de la persona, a su interioridad.

No impone, ni obliga y menos aún coacciona. Es decir, respeta en todo momento la libertad de la persona, pues está convencido de que la libertad es un don incuestionable del ser humano.

La influencia del profesor

En todos los niveles del sistema educativo los profesores son personas muy influyentes en el rendimiento académico de los alumnos y en su crecimiento personal. ¿Qué significa influir? Influir significa literalmente «ejercer predominio o fuerza moral» en la conducta y en el sentir de una persona.

Los alumnos son muy sensibles a la personalidad del profesor: cómo trabaja, cómo trata a los demás, cómo reacciona en circunstancias diversas. De hecho, todos sabemos que los estudiantes prefieren y valoran a los docentes altamente competentes, entusiasmados, cordiales, con ganas de ayudar y comunicativos. Por eso, estos docentes son de entre todos los más escuchados y los más "seguidos" por sus alumnos. Son sus referentes. El ejemplo de su vida hace que el alumno convencido –refiriéndose a su profesora o profesor– diga "yo quiero ser como esta" (o como este). Esa la mejor muestra de ser un verdadero *influencer*.

¿Cómo influye el profesor en sus alumnos? El profesor influye a partir de su formación profesional, intelectual y humana –inicial y continua– que determina en gran medida su personalidad y su manera de relacionarse con los alumnos. Más en concreto, el profesor influye a partir de sus lecturas, de su estudio constante, de su reflexión personal y del tipo de conexión que sea capaz de establecer con los demás: sabe escuchar, comprende a las personas porque sabe mirar desde el punto de vista de la otra persona y está siempre dispuesto a ayudarla.

En este sentido, vale la pena recordar que muchos estudios han dejado claro que la calidad (docente, intelectual y humana) de los profesores es más importante –por lo tanto, influye más en el rendimiento del alumno– que la ratio entre docentes y estudiantes tan cuestionada.

En definitiva, el profesor se convierte en un verdadero *influencer* –en un referente o modelo a seguir– con su vida de cada día, esto es, con su ejemplo diario dentro y fuera del aula. Por consiguiente, la coherencia del profesor juega un papel decisivo a la hora de influenciar. Para que no desconecten los jóvenes necesitan evidencias, testimonios, y no discursos ni peroratas insoportables. Un verdadero *influencer* no es un sermoneador. Lo que realmente cuenta para los alumnos es lo que ven en el profesor, su maestro de vida.

Credibilidad y confianza

La influencia que el profesor ejerce en sus alumnos no es un truco, ni una manipulación ni nada parecido a eso. Sino que es una decisión del alumno que toma con total libertad. Es consecuencia de la credibilidad y la confianza que el profesor despierta en sus estudiantes. Es más, el nivel de influencia del profesor depende del nivel de credibilidad que el alumno percibe en lo que dice y hace el profesor y de cuánta confianza inspire al alumno.

A los alumnos no se les escapa nada de lo que dicen o hacen los profesores. Son grandes observadores. A su vez, no son indiferentes ni a las palabras ni a los comportamientos de sus educadores, en el aula y fuera de ella. La influencia de un profesor realmente es muy amplia, va desde un modo de actuar, de trabajar y de relacionarse con los demás, hasta la adquisición de unas actitudes o unos valores determinados.

Tanto la credibilidad del profesor como la confianza que el alumno le otorga, no pueden imponerse. El profesor tiene que ganárselas ambas –credibilidad y confianza– día a día con su competencia profesional, su obrar diario, sus actitudes y su capacidad de expresar a cada uno lo mucho que en particular le importa. Esa es la manera de convertirse en un verdadero *influencer.*

Los profesores somos personas de referencia para los alumnos. No somos meros transmisores de conocimientos, sino que –además– a través de nuestra docencia y de nuestra vida diaria mostramos y transmitimos a los alumnos un modo de hacer y de sentir, unos valores y unas actitudes que van calando en el interior de los estudiantes. Esta comunicación –intencionada o no– nos convierte en verdaderos *influencers*, en maestros de vida.

La muerte en la escuela

Muchos de los primeros brotes de la crisis sanitaria que padecimos recientemente se produjeron en residencias de personas mayores. Son muchos los jóvenes que perdieron a sus abuelos por la Covid-19. Se trata de alumnos que lloraron la muerte de seres muy queridos. Muchos de esos niños y adolescentes tuvieron que afrontar la muerte de sus mayores sin poder despedirse de ellos, es decir, quedaron privados de la oportunidad de darles un último adiós. Con la pandemia del coronavirus, la muerte ha estado muy cerca de una gran mayoría de escolares.

Parece que nunca se está preparado para hacer frente a la muerte, una realidad que más tarde o más temprano a todos nos llegará. Sin embargo, la muerte es un tema poco abordado en las aulas. ¿Cómo preparamos –en la escuela– a los alumnos para la muerte? Nos referimos tanto a la muerte propia como a la de un ser querido (un familiar, un amigo, alguien de la misma escuela); y también a la muerte de una mascota, pues una mascota puede convertirse en un gran amigo y su pérdida –que es la de un ser querido– en muchas ocasiones produce gran desconsuelo a su propietario.

Hablar de la muerte no es fácil. Algunos –jóvenes y menos jóvenes– rehúyen hacerlo. La realidad es que por diferentes motivos les incomoda abordarla y más cuando parece que todavía está muy lejos, que tardará en llegar. De hecho, no son pocos los adolescentes que se ven a sí mismos invulnerables. Por supuesto que nadie la niega. Pero lo cierto es que inevitablemente la muerte llega a las aulas de forma diversa y los jóvenes no están preparados para hacerle frente. Es más, nos atrevemos a decir que la muerte siempre está presente en la escuela, pues todos sabemos que ineludiblemente a cada uno nos llegará en algún momento. No obstante, hablar de la muerte en muchos casos se ha convertido en un tema tabú del que no se habla o se habla poco.

No hablar de la muerte a los niños y a los adolescentes no les ayuda. Desde luego no es un modo de evitarles sufrimiento. Conviene que los educadores –padres y profesores– sepan aprovechar las oportunidades que la vida brinda para hablar sobre esa realidad a sus hijos y alumnos.

Es más, a veces se tratará de darles unas pautas para vivir su duelo particular o ayudar en el duelo de otros.

Cómo abordar la muerte en el aula

Ciertamente la oportunidad para hablar de la muerte a los alumnos a veces puede no surgir o tardar en que surja. Lo que queremos decir es que en esos casos nos parece acertado que el profesor tome la iniciativa para hacerlo, quizá sin esperar a que llegue el fallecimiento de alguien cercano a los alumnos. Una manera puede ser presentando primero la muerte de un modo breve a los alumnos –por ejemplo, mediante la lectura de un texto– y después pasar a contestar con naturalidad las preguntas que ellos (los alumnos) planteen, que en realidad será lo que a ellos verdaderamente les interese saber sobre ese tema. Esos interrogantes naturalmente serán acordes a su edad y a su experiencia personal. Sus preguntas e inquietudes han de ser atendidas; no obstante, el profesor a veces no tiene todas las respuestas. En este caso, frente a cualquier pregunta que el profesor no sepa la respuesta, el profesor debe reconocerlo con total sencillez y decirle al alumno que la buscará.

Puede suceder, en alguna ocasión, que el profesor tenga que comunicar a sus alumnos la muerte de un miembro de la propia escuela. En ese caso el modo de proceder del profesor obviamente depende de la edad de los alumnos, pero siempre conviene hacerlo procurando crear un clima de tranquilidad y serenidad y con una actitud paciente ante las posibles reacciones (de dolor, tristeza, desconcierto, enfado, desconsuelo o miedo) de los alumnos.

¿Qué es la muerte? Literalmente es el final de todo ser vivo animal o vegetal. El cuerpo humano al morir se para totalmente, todos sus órganos y sistemas dejan de funcionar y ese cuerpo acaba descomponiéndose. Está claro que esta respuesta resulta del todo insuficiente para la gran mayoría de adolescentes. Los alumnos –entre otras cosas– quieren saber por qué mueren las personas, qué pasa después de la muerte, incluso qué se siente al morir. Dar respuesta a estas preguntas no es fácil. No podemos perder de vista que hablar de la muerte es radicalmente distinto si se tienen unas creencias religiosas o si no se tienen. En este sentido, mientras que para unos morir es *encontrarse con Dios*, para otros es *dormir para siempre*. Para todos morir es separación de personas queridas, pérdida de un familiar, de un amigo, de un colega. El profesor debe prepararse a fondo. Hablar de la muerte es hablar del sentido de la vida, de todo aquello que se pierde con ella y de lo que realmente es importante. Transcribimos unas palabras del poeta Jesús Montiel (2020):

> *Llevo hablando con la muerte desde que era un niño. Pienso que toda vida, cualquiera, es un diálogo con la muerte. Sí, he visto la muerte a mi lado. Y puedo afirmar que la angustia no se ha ido, aunque sí se ha serenado. Mi carne se rebela frente a su destrucción. La muerte es un drama, un fracaso. Pero creo que es una coma y no un punto. Tengo motivos suficientes, al menos hoy, para intuir que el amor ha vencido la muerte.*

Cuando un alumno pierde a un ser querido de su entorno, siempre necesita ayuda de sus padres, de sus profesores y de sus amigos. El impacto emocional que le causa esa pérdida irreparable inevitablemente trasciende a todos sus compañeros de curso, en particular cuando se reincorpora al aula tras el doloroso desenlace. En esos momentos la actitud del profesor es clave para *todos* los alumnos. En este sentido, la conducta del profesor ha de estar regida por cuatro actitudes: 1) Permitir –a todos los estudiantes– expresar su dolor y sus miedos al respecto; 2) Tener disponibilidad para escuchar sentimientos garantizando siempre la confidencialidad; 3) Hablar con naturalidad y serenidad de la muerte, el duelo y los miedos; y 4) Tener presente que ese dolor puede repercutir negativamente en el rendimiento escolar del alumno. Para algunos alumnos la muerte puede ser un *shock*.

Vivir el duelo en la escuela

En relación a la muerte, conviene que la escuela se plantee cómo abordarla antes de que llegue a ella. Es decir, que el centro escolar tenga planificado los pasos a seguir cuando se presente y que todos los profesores los conozcan. Se trata de tener un protocolo previamente establecido que contemple: 1) La persona que recibe la noticia a quién o a quiénes debe informar; 2) Quién en la escuela ha de tener disponibilidad para dar el apoyo y la ayuda necesarios de manera inmediata en los primeros momentos; 3) La asistencia al funeral tanto si es en horario escolar como fuera de él; y 4) La ayuda que ofrece la escuela a los profesores y a los alumnos que padecen dificultades por la pérdida de un ser querido y que le impiden vivir el duelo de una manera adecuada.

¿Qué es el duelo? «Es el proceso de adaptación normal que sigue a la pérdida de un ser querido». No es una enfermedad ni un trastorno. Su duración, aunque varía de una persona a otra, suele ser de aproximadamente un año. En ese período el afectado trata de superar –con esfuerzo– el sentimiento de tristeza y aceptar el fallecimiento de un ser querido. Dicho con otras palabras, el doliente –afligido y apenado– intenta aprender a vivir sin la persona estimada que ha perdido de manera definitiva.

Ayudar a alguien en duelo supone acompañarle en ese proceso de transformación interior, es decir, estar cerca de él y estar dispuesto a dedicarle generosamente todo el tiempo que sea necesario. Se trata de escucharle, dejar que exprese sus sentimientos y emociones sin querer ofrecerle justificaciones de lo que ha pasado; escucharle sin interrupciones, sin mirar el reloj. Cada persona necesita su tiempo para superar su propio duelo, por lo tanto, en este acompañamiento no cabe el *forzar*, tampoco caben las prisas. Hay que respetar sus tiempos al igual que sus sentimientos. Vale la pena tener en cuenta la capacidad consoladora del silencio. En este sentido, la compañía física y el hacer cosas juntos *en silencio*, sin mediar palabra, muchas veces tiene un efecto altamente consolador. Por esto, a veces se tratará sencillamente de ayudar al doliente en alguna de sus tareas habituales.

Hablar de la muerte en la escuela es de vital importancia para poder afrontarla acertadamente cuando se presente. Los profesores no podemos obviarlo. No hacerlo es privar a los alumnos –niños y adolescentes–

de una ayuda clave en su vida. Hacerlo pide al profesor un aprendizaje, unas actitudes, un tiempo y un esfuerzo que sin lugar a dudas puede hacer más llevadero (a los alumnos) el profundo dolor y el gran desconsuelo que causa siempre la muerte de un ser querido.

La educación pospandemia

Muchos han hablado sobre cómo iba a afectarnos a distintos niveles –personal, familiar, laboral, económico, psicológico, sanitario, medioambiental, científico, etc.– los confinamientos vividos en tantos países del mundo por la pandemia del coronavirus. En este texto queremos centrar nuestra atención en la educación pospandemia. Se habla de redefinir la educación, en particular del *e-learning*, esto es, el «*electronic learning* o aprendizaje electrónico». Un espacio virtual de aprendizaje. Una enseñanza telemática. Por lo tanto, una educación *a distancia* que inevitablemente cambia el modo de relacionarse el profesor y el alumno, y los alumnos entre sí.

Ciertamente las aulas virtuales anulan las distancias geográficas y permiten una enseñanza constante –sin interrupciones, excepto las técnicas– con una interacción virtual entre profesores y alumnos, y entre profesores y padres de los alumnos. Para algunos la educación virtual está ya «legitimada como instrumento de valor inestimable». Sin embargo, para otros la enseñanza exclusivamente por vía digital tiene resultados desiguales, debido a causas diversas, por ejemplo, la brecha digital y la socioeconómica, la repercusión negativa en la conciliación familiar del profesorado; incluso, durante el tiempo sin clases escolares presenciales a causa de la pandemia, hubo quejas de madres y padres –deseosos de la normalidad escolar– a los que les resultaba muy complicado teletrabajar en sus hogares, con sus hijos en casa a los que también tenían que atender. Combinar teletrabajo y niños en casa no es fácil. En esos casos, las viviendas familiares fueron a la vez aulas escolares, oficinas, despachos y hogares. Un reto no pequeño.

En España la vuelta a los centros educativos fue muy esperada no solo por una mayoría de padres y profesores, sino también y muy especialmente por los estudiantes. Por de pronto en el retorno a las aulas con clases presenciales tuvo que prestarse atención a las ratios, los horarios escalonados, el calendario y un conjunto de nuevas exigencias organizativas en los centros educativos (reorganización de espacios, medidas de higiene, ventilación y desinfecciones), entre otras cuestiones importantes, al menos mientras permanecía la "nueva normalidad". Todo ello pidió un esfuerzo añadido por parte de todos, además de la mejora de la digitalización en la comunidad escolar.

La educación telemática

La enseñanza telemática llega después del éxito repentino y de gran popularidad que tuvieron las llamadas *Nuevas Tecnologías*, las TIC. Hace ya unos años que algunas escuelas sustituyeron los libros por *ipads*. Por supuesto esa sustitución tuvo y tiene sus defensores y sus detractores. Ciertamente cada vez hay más artilugios tecnológicos en las aulas escolares (pizarras digitales, móviles, *ipads*, ordenadores, pantallas diversas, incluso robots y drones). Sin embargo, estamos convencidos –como muchos otros docentes– de que la tecnología nunca podrá sustituir a un buen profesor ni a un buen libro de la asignatura. En cambio, sí puede ser un apoyo más.

La llamada «educación a distancia» no es algo nuevo. El aspecto más novedoso de la telemática es la *interactividad*, pues la bidireccionalidad de la red es una valiosa ventaja para este modo de enseñar. Además de la flexibilidad de localidad y de tiempo, las posibilidades que ofrece el *e-learning* son numerosas, por ejemplo, las clases virtuales, el correo electrónico, la disponibilidad de vídeos, chats y foros, la información actualizada del calendario académico, teleconferencias, mensajería electrónica, etc. Por otro lado, esta modalidad de enseñanza potencia en los alumnos la autonomía y el autoaprendizaje y favorece el trabajo en equipo con personas distanciadas físicamente. Sin lugar a dudas la formación que el profesorado requiere para desempeñar su rol en esta nueva enseñanza ha de ser distinta a la tradicional.

Sin embargo, lo que no puede dar la educación telemática, obviamente, es proximidad física entre el profesor y el alumno. Algo que a nosotros nos parece esencial cuando se trata de una relación tan humana como es la educativa o formativa de seres humanos. Un buen profesor no solo educa en el aula –presencial o virtual– explicando su materia, sino que su tarea educativa va mucho más allá, pues educa, además, fuera del aula, en múltiples lugares de la escuela: pasillos, despachos, secretaría de la escuela, patios, aparcamiento, comedor, biblioteca, laboratorio, incluso a veces en el trayecto a la escuela. Un buen profesor educa con su competencia profesional, su empatía, su amabilidad y afectuosidad y muy en particular con su ejemplo de todos los días manifiesto a sus alumnos. Para todo ello las pantallas resultan muy insuficientes.

Por otro lado, la educación telemática tampoco puede dar *proximidad física entre iguales* en las aulas. La proximidad física y el contacto presencial entre iguales, tanto en niños como en adolescentes y jóvenes es esencial para su desarrollo personal, social y madurativo. Los amigos y compañeros de clase proporcionan compañía, diversión, apoyo y seguridad. El ser humano es social. La amistad virtual priva del poder afectivo-terapéutico de un abrazo, de la compañía física, del lenguaje gestual y mímico del otro. En definitiva, la amistad virtual es muy diferente de la amistad presencial.

La telemática junto con la capacidad educativa de internet ciertamente son un gran desafío para las escuelas. Pero también es cierto que tienen sus limitaciones. Por ejemplo, los colapsos en las infraestructuras telemáticas por problemas técnicos (wifi, bloqueos de los artilugios tecnológicos y de las conexiones, etc.) que interrumpen o incluso a veces impiden clases, conferencias, conversaciones. Por otra parte, no puede obviarse que la enseñanza telemática dificulta el aprendizaje a los alumnos que viven en un entorno desfavorecido económica y socialmente, es decir, en familias con pocos recursos económicos o con poco interés por la educación. En este sentido, se podría decir que en esas circunstancias la enseñanza telemática ensancha todavía más la brecha socioeconómica.

Las pantallas: un apoyo más

El uso de la telemática en educación pide una reflexión a los educadores, padres y profesores. ¿Esta tecnología permite realmente crear entornos educativos eficaces? Las palabras –que leímos en la prensa española– de Isabel Celaá, ministra de educación de nuestro país (de junio de 2018 a julio de 2021), tras el cierre de los colegios por la emergencia sanitaria, hacen pensar: "la enseñanza online «no funciona» para educar. El cierre de colegios fue una respuesta inmediata a una emergencia sanitaria, pero que ni educa ni sustituye los aprendizajes presenciales y la socialización de los menores y que ha generado brechas educativas graves".

Salman Khan –el fundador de la Academia Khan, «la plataforma de enseñanza más utilizada de internet», gratuita y con millones de alumnos– a la pregunta de si la Academia Khan podría sustituir a las universidades o a las escuelas, responde de manera clara. Transcribimos sus palabras: «"Sí y no". En cuanto al aprendizaje más básico y principal (matemáticas, ciencia o humanidades), se pueden aprender muchos principios básicos a través de plataformas como la mía o como los grandes cursos abiertos online (MOOC'S) [*Massive Online Open Courses* o cursos online masivos y abiertos]. Pero las universidades aún tienen un gran valor. Tanto para mis hijos como para los de los demás, querría una combinación de ambas cosas, del uso de las herramientas online para aprender los principios básicos, y de un entorno físico, ya sea la escuela o la universidad, donde puedan gozar de una comunidad, establecer amistades y lazos y trabajar en proyectos comunes y dialogar» (Khan, 2020).

Por otro lado, como es bien conocido, conscientes del poder transformador de las tecnologías, muchos de los tecnólogos de Silicon Valley no quieren que sus hijos utilicen los dispositivos que ellos mismos fabrican. De hecho, han decidido alejar a sus hijos de la tecnología y muchos de estos niños y jóvenes son alumnos de la *Waldorf School of the Peninsula*, una escuela en la que no se utilizan ni móviles ni tabletas ni ordenadores. Transcribimos las palabras de Pierre Laurent, director de esta escuela: «No es que digamos no a la tecnología porque no nos guste o creamos que es mala, sino porque en una edad concreta a los niños la tecnología no les sirve para nada. Es una edad en la que los niños han de hacer actividades muy físicas y han de trabajar con todos los sentidos. Los biólogos dicen que en el cuerpo tenemos dieciséis sentidos diferentes y, para aprender, es necesario utilizarlos todos. Así es como los niños descubren el mundo. Si trabajas con una tableta, limitas los estímulos. Es un espacio muy reducido, solo utilizas los dedos y no haces casi nada más. O sea que es para que los niños se impliquen en el aprendizaje» (Laurent, 2020).

Algunos expertos abogan por un «modelo híbrido o semipresencial». Según Lourdes Guàrdia y Albert Sangrà, profesores de la Universitat Oberta de Catalunya (una universidad *online*) este modelo híbrido –escribe Carolina Ferreiro (2020)– parece encajar mucho mejor en las etapas de Educación Secundaria y Superior que en etapas más tempranas, como Primaria o Infantil.

¿Aprendizaje presencial o virtual?, ¿limitarse a lo uno o a lo otro? Ambos estilos de aprendizaje brindan sus ventajas y a la vez tienen sus limitaciones propias. Sin embargo, la enseñanza telemática nos parece un magnífico complemento a la enseñanza tradicional presencial. Como ya se ha dicho, «un complemento para la escuela presencial y una solución para el que no tiene escuela». En este sentido, estamos convencidos de que la tecnología puede ayudar al profesor a hacer mejor su clase, pero nunca podrá sustituir a un buen profesor.

Decir siempre la verdad

Los profesores hemos de decir siempre la verdad. A veces cuesta mucho decir la verdad porque pensamos que no va a gustar o va a doler a quien la escucha, o bien que no va a aceptarla y sí incomodarle hasta contrariarle o incluso herirle. Sin embargo, si es el momento oportuno, es entonces también el momento de ser valiente, fuerte y decidirse a expresar la verdad con respeto, cariño y claridad. Aunque cueste.

En no pocas ocasiones la verdad se omite o se enmascara por comodidad, para quedar bien ante terceros, lograr un reconocimiento o una posición en un grupo de personas o en una organización, eludir una responsabilidad o un trabajo costoso, o incluso a veces para combatir –de manera equivocada– una herida profunda del alma. En definitiva, se renuncia a la verdad para manipular al otro por un interés personal particular o bien para *protegerse*.

Nuestro objetivo en este artículo es destacar la importancia que tiene decir *siempre* la verdad. ¿Cómo y cuánto daña la mentira a la persona?, ¿por qué hay que decir siempre la verdad?, ¿en qué se traduce una actitud de ese tipo?, ¿puede aprenderse y enseñarse?, ¿puede decirse siempre la verdad?, ¿tiene límites?

Son cuestiones que aspiramos a responder en este texto, que hemos organizado en tres apartados. En primer lugar, damos cuenta de los efectos en la persona que tiene optar por decir siempre la verdad o por el contrario mentir. En segundo lugar, ofrecemos a los profesores unas pautas orientadas a defender la verdad en su tarea educativa y presentar la verdad a sus alumnos como lo que es: un valor atractivo que nos hace más humanos. Finalmente, en el último apartado expresamos unas breves conclusiones.

Por qué hay que decir siempre la verdad

La verdad es seguridad, autenticidad, honestidad. No podemos renunciar a ella si queremos lograr una vida feliz con armonía y paz interior. La verdad merece ser buscada, descubierta y pensada para no confundirla con una opinión o una preferencia personal. La verdad no es siempre total o completa, es decir, suele ser parcial y, por lo tanto, puede ser sencillamente un punto de vista o una parte de verdad, y como tal susceptible de ser completada o mejorada.

Como ha escrito Juan Luis Lorda, ser veraz no significa "satisfacer la curiosidad de todo el mundo; ir contando por ahí todo lo que nos sucede, todo lo que sabemos o todo lo que se nos pasa por la cabeza". Una actitud de este tipo puede cansar y aburrir a los que están a nuestro alrededor. Es más, en ocasiones debe guardarse silencio, por ejemplo, por confidencialidad, por prudencia, por no ser el momento oportuno de hablar, incluso por no saber qué decir. El refrán (o dicho popular) dice que «quien calla otorga», pero no pensamos que eso sea así, pues "callar" sencillamente es "no decir nada" que es algo muy diferente a "otorgar" que significa asentir. Desde luego "callar" no es mentir.

Faltar intencionadamente a la verdad es mentir. La mentira está muy extendida en nuestra sociedad contemporánea. Mentir daña a la persona, la aleja de los demás; genera tristeza, amargura y dolor, e introduce en un mundo *falso* alejado de la realidad. Vivir en la mentira es vivir en *falso*, vivir en *vacío*. Por otro lado, mentir a una persona es un ataque o agresión –llámesele como se quiera– a su libertad porque puede condicionar negativamente su pensamiento y sus decisiones, en definitiva, su conducta futura.

Parafraseando al papa Francisco, falsear la verdad en las relaciones con los demás (hijos, parientes, alumnos, amigos, colegas, vecinos, conocidos) dificulta las relaciones, las hace mucho más difíciles, incluso puede llegar a impedirlas o romperlas. Por eso puede decirse que la mentira no construye, sino que destruye. Donde hay mentira no cabe el amor ni la confianza, aunque se mienta para complacer al otro o por compasión. De hecho, la mentira va asociada al engaño, a la trampa y también muchas veces a la cobardía, la comodidad y el egoísmo. Por eso la mentira es incompatible con una relación fuerte, sana y duradera.

Obviamente, a base de repetir una mentira –prolongándola en el tiempo tanto como se quiera– nunca acabará convirtiéndose en verdad.

De ordinario una mentira genera más mentiras. Conviene estar atentos a no adaptarse o acomodarse a la mentira convirtiéndola en un recurso habitual ante la dificultad y no dejar que la falsedad se cuele entre las emociones, los desconciertos o los intereses personales particulares.

A veces los padres mienten a sus hijos para no hacerles sufrir porque les quieren, para animarles o por simple cansancio de los padres, incluso para evitarse (los padres) un altercado en el hogar. Los hijos se dan cuenta y les duele y decepciona, aunque no lo digan. Piensan que en realidad los padres les mienten porque no les quieren como deberían, que mentirles es un modo de desentenderse de ellos, de desatender la misión más importante que tienen encomendada: ayudar a los hijos a crecer en el sentido más amplio de la palabra. Dicho con otras palabras, los hijos piensan que sus padres al mentirles eluden un compromiso inexcusable. Mentir a los hijos tiene efectos muy dañinos: el primero e inmediato es que los hijos dejan de confiar en sus padres, es decir, los que eran sus referentes ya no son fiables. A esta circunstancia le sigue el deterioro de la relación paterno filial. A los hijos no se les debe mentir, tengan la edad que tengan. En cambio, lo que necesariamente sí debe hacerse es adaptar la verdad a la edad del hijo.

¿El profesor puede decir siempre la verdad?, ¿toda la verdad, a todos? No, no puede. No debe. No decir toda la verdad no es mentir. Un buen profesor es depositario de la confianza de sus alumnos y la intimidad de cada uno de ellos es inviolable. La confidencialidad sobre la intimidad de los alumnos es un deber de los profesores y un derecho de los alumnos. El deber de confidencialidad del profesor requiere respetar la privacidad de la información sobre la intimidad del alumno adquirida como resultado de su actividad profesional. Es de obligado cumplimiento. Se trata de compaginar la veracidad con el derecho a la intimidad. En este sentido, decir la verdad tiene sus límites.

Defender la verdad

A nuestro modo de ver, la mejor manera de defender la verdad es empeñarse en *decirla siempre*. A decir *siempre* la verdad se aprende, por lo tanto, puede enseñarse. Se aprende practicándolo todos los días, sin perder ocasión ¿Cómo se enseña? La mejor manera, esto es, la más efectiva y profunda es siendo un auténtico testimonio de la verdad.

Una vez más queremos subrayar que con los alumnos *lo que hace* el profesor es muchísimo más importante y efectivo que *lo que dice,* en el aula, en el despacho o donde sea. Todos sabemos que «un niño aprende y se educa en gran parte imitando lo que ve» y que la influencia del profesor es inmensa en la vida de los alumnos sea cual sea la edad de estos. Dicho con otras palabras, la fuerza del ejemplo del profesor supera con creces a sus palabras y discursos, aunque sean magistrales y maravillosos. Más que *hablar* o sermonear a los niños, adolescentes y jóvenes sobre la importancia que tiene *el decir siempre la verdad,* el profesor ha de *hacer* propio ese modo de proceder, de vivir, en todo momento y en todas las circunstancias. Por supuesto que habrá ocasiones en las que las palabras en defensa de la verdad serán necesarias y el profesor habrá de pronunciarlas con claridad, valentía, amabilidad y afecto.

Defender la verdad no admite la mentira en ningún formato, por ejemplo: admirándola, tomándola a broma, haciéndose eco de ella. Admitir la mentira es aplaudirla, normalizarla, fomentarla, encubrirla, o mirar hacia otro lado. Admitir la mentira es rechazar la verdad. Una norma práctica para el profesor es la de reconocer lealmente lo que uno desconoce. Se trata de reconocerlo manifiestamente. En este sentido, un buen profesor no es un sabelotodo, sino que es aquel que reconoce abiertamente que no sabe algo cuando ese es el caso. Improvisar una mala respuesta sería un flaco servicio al interlocutor, a uno mismo y a la profesión. El profesor honrado es el que lealmente dice "No lo sé, pero esa pregunta me interesa", y luego estudia el asunto e intenta aclarar la cuestión del interlocutor lo mejor que pueda.

No es extraño que el tema de la veracidad surja en el aula, por ejemplo, a partir de un debate previamente organizado en clase, algún acontecimiento sucedido, o una circunstancia que se haya presentado quizás inesperadamente en el aula o fuera de ella. El profesor ha de estar preparado para escuchar a sus alumnos y para presentar con decisión la verdad como lo que es: un tesoro de gran valía, que libera, acoge, une y nos ayuda a todos a ser mejores personas.

A modo de conclusión

Decir *siempre* la verdad ayuda a construir relaciones sólidas y duraderas –en la familia, en la escuela, en la universidad, con los amigos, en el ámbito profesional–, nos hace mejores personas y nos permite ganar en libertad. Sin embargo, decir *siempre* la verdad está en horas bajas. Es necesario repensar su presencia en los distintos ámbitos de la sociedad actual, en particular el familiar y el educativo por su gran trascendencia en la sociedad en un sentido global. A este respecto, el papel de los educadores –padres y profesores– es fundamental y decisivo.

Decir *siempre* la verdad requiere un modo de proceder: sin doblez ni fingimientos de ninguna clase, coherente con lo que se piensa, se sabe o se cree que es verdad. En definitiva, requiere nunca mentir que es decir lo contrario de lo que se piensa, sabe o cree que es verdad. No obstante, decir *siempre* la verdad tiene sus límites, esto es, la verdad debe decirse siempre de manera prudente, oportuna, adaptada a la edad del hijo o el alumno, y nunca debe transgredir el respeto a la intimidad de la persona.

Tres verdaderos problemas de los profesores

Cuidar la educación ha de ser indudablemente uno de los objetivos prioritarios de la sociedad. Cuidar la educación conlleva –entre otras cosas– cuidar a sus profesionales, que son las personas a quienes se les ha confiado la formación de los ciudadanos del mañana. Todos sabemos que cuidar a una persona (familiar, amigo, compañero de trabajo, vecino, conocido, etc.) significa dedicarle tiempo, prestarle atención, escucharle, hacerse cargo de sus circunstancias, acompañarle. Ciertamente la educación es un gran reto para la sociedad, un desafío que recae sobre todo en los profesores. En este sentido, los problemas y las dificultades con los que se encuentran los profesores, aunque son bien conocidos por una gran mayoría, lamentablemente son insuficientemente atendidos y casi nunca resueltos.

Los problemas y las dificultades de los profesores en el día a día, son de índole muy variada: por ejemplo, la sobrecarga de clases y de otras tareas, la baja remuneración que perciben, la falta de reconocimiento social, el clima de convivencia en los centros educativos, el aumento de responsabilidades delegado por las familias, los cambios sucesivos en la legislación educativa, abordar *en solitario* –o *casi en solitario*– en el aula el modelo de escuela inclusiva, el trabajo burocrático, etc. Muchos de estos problemas van más allá de las aulas irrumpiendo en la vida particular del profesor fuera de la escuela.

Cabe decir que hay una tendencia a pensar que resolver los problemas, inconvenientes, molestias, complicaciones –o cómo quiera llamársele– que padecen los profesores, es tarea que compete mayormente a terceros: la Administración, los legisladores, la misma sociedad. Está claro que en algunos casos es así, es decir, la acción de terceros es decisiva para resolverlos, pero en otros lo es menos, y en algunos casos la solución está más en manos del propio profesor que en las de terceros.

Lo que queremos decir es que la actitud y la implicación personal del profesor ante determinados problemas, es clave a la hora de encontrar una solución (total o parcial). Todos hemos visto las diferentes maneras de actuar –¡y los resultados obtenidos!– de diferentes profesores de un *mismo* centro educativo ante un *mismo* problema o una *misma* circunstancia difícil de afrontar. Un buen profesor nunca se desentiende de su misión educadora-formadora, pase lo que pase, con o sin apoyos; es consciente de que su capacitación profesional adquirida es un activo muy valioso que tiene que emplear (¡es un profesional con recursos!); su compromiso docente y su implicación personal para sacar adelante la tarea encomendada y libremente aceptada por él, son inquebrantables, están arraigados en su cabeza y en su corazón y eso se nota en cómo afronta los inconvenientes, las contrariedades, los imprevistos o los problemas que van surgiendo. Realmente, como enseñaba John Dewey a principios del siglo pasado, ¡un buen profesor ha de ser siempre un investigador!

De entre los muchos problemas que se le presentan al profesor hemos elegido tres para describirlos a continuación: «la escasez de personal de apoyo educativo», «no disfrutar con lo que se hace», y «no saber despertar el interés de los alumnos». Hemos elegido centrarnos en estos tres problemas porque los tres inciden de una manera muy directa en el aprendizaje de los alumnos, y a la vez son tres problemas en los que la actitud y la implicación personal del profesor son dos elementos decisivos para hallar su solución. Nuestro objetivo en este artículo es describir tres situaciones problemáticas escolares y situar al profesor en el contexto de cada una de ellas.

La escasez de personal de apoyo educativo

El personal de apoyo de un centro educativo lo forman un grupo de profesionales de la educación de muy diversas especialidades: profesores de refuerzo, psicólogos, logopedas, pedagogos terapeutas. Para una gran mayoría de profesores hablar de personal de apoyo educativo es hablar de ayuda en aulas inclusivas, aulas en las que todos los alumnos tienen cabida y *todos tienen que aprender* respetando su ritmo de aprendizaje y atendiendo adecuadamente las necesidades educativas de cada alumno en particular, además de socializarse e integrarse en el grupo-clase, en la escuela.

El aula inclusiva es altamente diversa. Necesariamente precisa un trabajo colaborativo entre profesores, especialistas diversos y los directivos de la escuela. La escasez de personal de apoyo en el aula imposibilita esa colaboración del todo imprescindible para atender como es debido a todos y cada uno de los alumnos. De igual manera, la falta de tiempo del profesorado para reunirse con los profesionales de apoyo imposibilita esa colaboración ineludible. Esas dos carencias (personal de apoyo y tiempo para reunirse) por de pronto conducen al profesor titular del aula a practicar la multitarea con el consabido estrés y la ineficacia que siempre conlleva asociado el *hacer varias cosas a la vez,* y en segundo lugar convierte el proceso de enseñanza-aprendizaje en una tarea excesivamente ardua.

Realmente carecer de apoyos educativos en el aula, complica mucho la tarea enseñante del profesor, convierte su objetivo principal –que *todos* los alumnos aprendan– en un objetivo inalcanzable, nada es más desmoralizante y doloroso a la vez para un profesor comprometido. En esas circunstancias el profesor se siente muy mal y el aprendizaje de los alumnos queda claramente perjudicado. Todos los esfuerzos dirigidos a encontrar una solución a tal situación valen la pena.

No disfrutar con lo que se hace

No disfrutar con lo que uno hace es sinónimo de aburrirse con lo que hace. Un profesor aburrido, aburre a sus alumnos que pronto dejan de escucharle y de aprender en sus clases. En cambio, un profesor que disfruta con lo que hace, logra entusiasmar a sus alumnos hasta contagiarles las ganas de aprender; vibra en el aula y quiere a sus alumnos y los alumnos lo saben y lo notan; es un profesional estudioso, le interesa y le gusta la asignatura que imparte y le encanta transmitir lo que sabe; goza viendo a sus alumnos aprender y crecer en el sentido más amplio de la palabra; los atiende con amabilidad que es afectuosidad y les escucha pacientemente intentando *ponerse en sus zapatos*; en sus clases sabe intercalar un ejemplo, una anécdota o un comentario acertados cuando percibe que los alumnos están cansados y así recupera su atención; logra un clima de trabajo y de relación en el aula excelente. Los alumnos le quieren. Es fundamental que un profesor disfrute en el aula.

Los profesionales que disfrutan con lo que hacen –y el profesor no es una excepción– son personas enamoradas de su profesión. La conocen a fondo, es decir, saben bien en qué consiste y qué comporta. Se sienten muy afortunados pues están convencidos de que su profesión es la mejor del mundo. Disfrutar con el trabajo de cada día tiene que ver con hacer las cosas bien, la tarea bien hecha produce bienestar. ¡La satisfacción de la tarea bien hecha nadie ni nada puede arrebatársela a quien la goza!

Un profesor que no disfruta con la tarea docente lo sabe él y lo notan los que están a su alrededor. Las causas por las que no goza pueden ser (¡y de hecho son!) muy diversas: cansancio acumulado (estrés), desconocimiento de la profesión, no tener dominio de la materia que imparte, le hubiera gustado dedicarse a otra profesión y no le fue posible, no se siente recompensado (¡no vale la pena!), siente a los jóvenes muy lejos de él hasta no comprenderles, etc. En cualquier caso, ante tal descontento, falta de incentivos, cansancio o incomprensiones, el profesor se debe a sí mismo una profunda reflexión en busca del auténtico y gran atractivo de la profesión docente, para así despertar o recuperar la ilusión que tuvo en sus inicios profesionales o bien descubrirla por primera vez.

No saber despertar el interés de los alumnos

La falta de interés de los alumnos por aprender es uno de los problemas que más preocupa a los profesores. La apatía de los alumnos –o de unos cuantos de ellos– convierte el aula en un lugar difícil y costoso para el profesor. Algunos alumnos no escuchan al profesor, desconectan y dirigen su atención a sus intereses particulares alejados del aula y de los intereses del profesor. Este comportamiento suele generar problemas de conducta en el aula. Las causas de esa desidia o desinterés por parte de esos alumnos son diversas (Fernández-Alonso et al., 2020): el contexto sociocultural, el nivel cultural de la familia, factores escolares, características personales del alumno, etc.

Despertar el interés de los alumnos es abrir mundos, mostrar nuevas realidades, dar a leer y a mirar, invitar a pensar (Larrosa, 2020). Es también transmitir emociones (ganas de aprender, de trabajar bien, de ser mejor); se trata de que el profesor *transparente* su sentir interior, de ser "un profesor que no calcula su método, [su] comportamiento no responde a una estrategia" (Montiel, 2021), sino que responde a algo mucho más profundo que no puede improvisarse ni programarse, que es el amor. El amor a su tarea y el amor a sus alumnos.

La tarea docente es una tarea de amor, por lo tanto, cuando se trata de resolver los problemas que sus profesionales padecen, no bastan estrategias y métodos preestablecidos –que pueden ayudar–, sino que además es necesario llegar al corazón de la persona y contar con el compromiso personal del profesor.

La conciliación de la vida familiar y laboral del profesorado

La familia es «uno de los pilares de la sociedad». Es el primer pilar y el más importante de la sociedad. Como es bien sabido, el ser humano nace del todo dependiente, es decir, para desarrollarse y crecer necesita los cuidados, la atención y el afecto de sus padres y también de su entorno. Al niño recién nacido "no le basta el alimento y el refugio para subsistir. Necesita el cariño, el contacto, la voz y la caricia. (...). En la familia será también donde el niño salga al encuentro de la sociedad. El despertar sociológico del ser humano comienza en la familia" (Vidal-Quadras, 2019). Dicho en otras palabras, los primeros aprendizajes del ser humano son en la familia. Lo que queremos destacar inicialmente en este artículo es la enorme importancia que tiene la tarea *educadora* y *asistencial* de los padres para lograr un buen desarrollo (biológico, psicológico, afectivo, intelectual-cultural, relacional-social) del niño, del adulto del mañana.

Buena parte de esa tarea *educadora-asistencial* sucede en el hogar familiar. De hecho, los padres son los primeros educadores de sus hijos. Por lo tanto, los padres necesariamente han de aprender a incluir esta tarea (tan vital) en su vida particular, en todos y cada uno de sus niveles (personal, laboral-profesional, social, etc.) y así poder cuidar y educar a sus hijos, esto es, ayudarles a crecer satisfactoriamente. Se trata de una tarea de ambos, padre y madre.

Sin embargo, por una cuestión de estereotipo de género el trabajo del hogar y el cuidado de los hijos han recaído y suelen recaer más sobre ellas que sobre ellos, tanto en horas de trabajo doméstico y cuidados como en responsabilidad. De hecho, hay más mujeres que hombres que mantienen una jornada laboral reducida para poder atender a la familia o bien que solicitan una excedencia laboral mientras los hijos son pequeños. Por este motivo, en este artículo –sobre la conciliación de la vida familiar y laboral– ponemos quizá más atención en la figura de la profesora que en la del profesor, aunque estamos convencidos de que educar y cuidar a los hijos es tarea por igual del padre y de la madre. El papel educador de ambos es insustituible. Es preciso avanzar en un reparto más igualitario de las tareas.

En cuanto al trabajo doméstico (cuidar el hogar familiar), la periodista Ana Requena, citando a la socióloga-investigadora Karina Batthyán, habla de "desigualdad en el reparto de los tiempos y las tareas" (Requena, 2021), destacando una división del trabajo doméstico cuantitativa y cualitativa: "las mujeres –afirma Batthyán– estamos sobre todo en aquellas actividades que hay que hacer, que es necesario hacer para el bienestar de las otras personas. Son las actividades asociadas a lo vital. Mientras, los varones están en actividades que son más flexibles en cuanto al tiempo, es decir, no se tienen que hacer a las ocho de la mañana o de la tarde o a las tres del mediodía, sino que pueden flexibilizarse a lo largo de la jornada, se hacen cuando queda tiempo o cuando se puede. Esas actividades suelen estar más vinculadas a lo lúdico, como jugar con los niños, a dar pautas de conducta... Requieren menos precisión en el uso del tiempo y es menos grave si no se hacen en ese momento. Esa es la diferencia cualitativa" (Requena, 2021). Por así decir, actividades ocasionales.

Conciliar tiene que ver con «ponerse de acuerdo», «hacer compatible», «llegar a un acuerdo» dos o más partes (personas, situaciones, vidas, responsabilidades, instituciones, empresa y empleado, etc.). Nuestro objetivo en este artículo es abordar la conciliación de la vida familiar (hijos, hogar, parientes enfermos) y la vida laboral de la profesora y del profesor.

La vida laboral del profesorado

El trabajo docente no comienza ni termina en el aula, ni se concreta única y exclusivamente en la escuela, pues se escapa del horario escolar-laboral establecido. En líneas generales podemos decir que impartir clases y la atención personal a los alumnos son tareas docentes que se realizan en el centro escolar durante el horario laboral del profesorado, mientras que la preparación de clases, la corrección de exámenes y trabajos diversos –que en la mayoría de los casos es llevarse trabajo a casa– y las tareas de formación continua (que el docente nunca puede olvidar) de ordinario se realizan fuera del horario laboral presencial. Por otra parte, en el trabajo docente, –por lo tanto, en el trabajo del profesorado– está presente una fuerte implicación emocional con quien recibe el servicio: los alumnos.

Estas circunstancias y características propias de la profesión docente, sin lugar a dudas dificultan notablemente a la profesora y al profesor el tener una *segunda jornada laboral en el hogar* y más aún si se carece de ayuda y apoyos suficientes para realizarla. No obstante, es en la mujer en quien recae mayormente el cuidado de los hijos, así como la atención a familiares enfermos necesitados o ancianos y las diversas tareas domésticas del hogar familiar, tanto en su organización como en su realización, responsabilidad y también en las iniciativas de mejora, cambio, continuidad, que todo proyecto en marcha tiene si se precia de estar vivo y se quiere que prospere.

La sobrecarga de trabajo, de ordinario, va unida a no poder hacer frente al exceso de tareas, a las prisas, a la fatiga y la falta de tiempo para descansar, así como al empeoramiento de los resultados y rendimientos del trabajo, entre otros efectos negativos. Estos efectos generan estrés a quien los padece y la profesora o el profesor no son una excepción. Por otra parte, "muchas mujeres siguen sintiéndose mal por tener un empleo o por tener una jornada que no coincide exactamente con el horario escolar de sus hijos" (Barreales, 2018). Ese malestar provoca en ellas «un doloroso sentimiento de culpa por un lado hacia el trabajo y por otro hacia la crianza de los hijos» (López, 2020).

Conciliar la vida laboral de la profesora y el cuidado y atención a la familia, pasa necesariamente por considerar cómo afecta la maternidad en la vida laboral de la mujer, por lo tanto, cómo afecta a su desarrollo profesional. La organización del mundo laboral no puede –¡no debe!– excluir la realidad biológica de la mujer si se quiere que realmente sea una organización inclusiva (para hombres y para mujeres) y menos aún si se está convencido de la gran incidencia que la familia tiene en la sociedad. Es decir, si se considera que «la crianza de los hijos es un bien social». En este sentido, conciliar la vida laboral y la familia es –¡ha de ser!– una tarea de hombres y de mujeres (padres, madres, empresarios, legisladores, directivos, compañeros de trabajo). Es una tarea a la que hay poner atención, medidas y hacer cambios.

Una tarea de toda la sociedad

Conciliar la vida familiar y laboral requiere un cambio de mentalidades en la sociedad (empresarios, legisladores, empleadores, directivos, ciudadanos de a pie) y unas medidas conciliadoras familia-trabajo. La conciliación es tarea de todos.

Dicho más explícitamente, se trata por un lado de concienciar a la sociedad de la necesidad de velar por unas realidades –la familia, los hijos, el trabajo profesional de la mujer– que son clave para lograr el bienestar social de todos; es decir, convencerse de la necesidad vital de compartir por igual padre y madre la responsabilidad y realización de las tareas domésticas del hogar, el cuidado de los hijos y el cuidado familiar (abuelos, padres, hermanos). Por otro, lograr esta corresponsabilidad exige buscar fórmulas o medidas que contribuyan a un reparto equitativo de tareas, responsabilidades o cargas familiares (o llámesele como se quiera), y repensar la implantación de ellas tanto en el mundo laboral femenino como en el masculino. Nos referimos a medidas que han de facilitar la conciliación a mujeres y a hombres, por ejemplo, la jornada laboral parcial y la jornada intensiva, permisos de maternidad y permisos de paternidad, convertir la tarde de los viernes en no laborables, incluir la formación profesional en el horario laboral, la posibilidad del teletrabajo, el horario flexible, trabajar por objetivos, excedencias, etc.

La conciliación familiar es *corresponsabilidad* en el cuidado de la familia, es decir, como indica el *Diccionario de la lengua española*, es una «responsabilidad compartida con otra u otras personas». Requiere una colaboración simultánea, activa y equitativa del padre y la madre en el cuidado familiar y unos apoyos sociales. La conciliación de la vida familiar y laboral del profesorado es una tarea de todos: hombres y mujeres. Su logro mejora a la persona (niños, jóvenes, adultos, ancianos), por lo tanto, mejora a la familia, a la escuela, a la sociedad.

3

Los jóvenes de hoy y el profesor

La atención de los alumnos al profesor

La anhelada eficacia en el quehacer diario de una persona va muy unida a la atención que es capaz de poner en sus tareas. Cuánto dura el período de atención de los alumnos en el aula es una cuestión de interés –y de preocupación creciente– para los profesores. Sin atención, no hay concentración. Por lo tanto, el aprendizaje se resiente negativamente. El problema de la falta de atención es un mal frecuente y generalizado en las aulas escolares de la sociedad actual; un mal con el que los profesores tenemos que bregar todos los días. La falta de atención es una de las principales causas del fracaso escolar.

Según la filósofa francesa Simone Weil (1909-1943) –escribe María del Sol Romano (2016)– "la atención no se limita a posturas físicas o gestos". Es decir, poco tiene que ver con un esfuerzo muscular. La atención, como la entiende Weil, es central en todos los ámbitos de la existencia humana, pues, "es la clave para una relación auténtica con la realidad". La atención –explica Romano– crece con un auténtico deseo de la *verdad*.

La falta de atención impide la hondura necesaria para llegar a la *verdad*, a la realidad. Esta carencia hace que la persona viva en la superficialidad. La multitarea tan en boga en nuestros días y el afán de obtener respuestas inmediatas a los problemas y a las preguntas, tan arraigado en los jóvenes de hoy hacen muy difícil la concentración porque uno se queda en la superficie. Transcribimos una cita de Simone Weil (1942):

> *La atención consiste en suspender el pensamiento, en dejarlo disponible, vacío y penetrable al objeto, manteniendo cerca del pensamiento, pero en un nivel inferior y sin contacto con él, los diversos conocimientos adquiridos que deban ser utilizados [...]. Y sobre todo el pensamiento debe estar vacío, a la espera, sin buscar nada, pero dispuesto a recibir en su verdad desnuda el objeto que va a penetrar en él.*

La atención implica en primer lugar vaciar el pensamiento, deshacerse del ruido interior y demás distracciones para dar paso a una mirada *cuidadosa, detenida* y *paciente* al objeto (un concepto, un problema matemático, una traducción, una circunstancia, una realidad). Desarrollar la capacidad de atención, "saber estar atentos", requiere un aprendizaje y el mejor medio para lograrlo es mediante los estudios. En este sentido, el papel del profesor resulta clave para ese aprendizaje.

¿Cómo enseñar a los alumnos a vaciar el pensamiento?, ¿cómo ayudarles a protegerse del incesante ruido que les rodea?, ¿cómo hacerles conscientes de la ineficacia que origina la continua multitarea?, ¿cómo ayudarles a descubrir el valor de la espera? Encontrar la respuesta de estas cuestiones es encontrar la vía para ayudarles a desarrollar su capacidad de atención y en consecuencia acrecentar su anhelada concentración en los estudios.

Origen de la inatención en las aulas

Las causas de la falta de atención en el aula son diversas: psicológicas, orgánicas, emocionales. Una causa frecuente de la falta de atención detectada por los profesores en las primeras clases de la mañana es el ir a clase sin desayunar. Sus efectos en la capacidad de atención y concentración no es una cuestión baladí. Los expertos aseguran que un adecuado desayuno mejora el rendimiento escolar. Sin embargo, "entre el 20% y el 40% de los niños van al colegio sin desayunar, según datos de la Sociedad Española de Endocrinología y Nutrición (SEEN) y no solo eso, más del 50% de ellos no hace un buen desayuno". Son alumnos en ayunas con poca energía –muy probablemente por un bajo nivel de azúcar en sangre–, alicaídos, con dificultades para atender en clase; les cuesta seguir el ritmo marcado por el profesor y seguido por sus compañeros, incluso algunos se marean en clase, otros pueden llegar a dormirse en el aula.

La falta de atención de los alumnos en clase suele afectar negativamente a su comportamiento dentro del aula. Cuando el alumno no atiende al profesor, el estudiante pierde el hilo de sus explicaciones, las *lagunas* o información desconocida cada vez son mayores. En estas condiciones el aprendizaje es muy difícil, por no decir imposible. Entonces el alumno desconecta de la clase, pero no de sus compañeros con los que intenta comunicarse y entretenerse hasta finalizar la clase, desencadenando –de ordinario– conductas disruptivas.

Las formas de comunicación actuales –vía móvil, WhatsApp, redes sociales, internet– con respuesta inmediata, así como algunas formas de ocio de hoy en día –las consolas con infinidad de juegos interactivos– son reclamos continuos de la atención de los jóvenes y adolescentes, que favorecen su distracción. De hecho, no deja de sorprender que gran parte de la falta de atención en las aulas sea motivada por cambios en los hábitos de los estudiantes, *nativos digitales*.

Por otro lado, no podemos olvidar a los alumnos con trastornos de déficit de atención con o sin hiperactividad, como por ejemplo es el TDAH (Trastorno por Déficit de Atención e Hiperactividad). Son alumnos que en sus aprendizajes necesitan unas pautas específicas –organizativas y metodológicas– enfocadas a sus necesidades educativas. No es nuestro propósito ahondar aquí en este tema.

Cómo despertar y reforzar la atención en el aula

La buena noticia es que la capacidad de atención –fundamental para el aprendizaje– se puede reforzar. En este sentido, el papel del profesor en el aula es decisivo. Le va a exigir una comunicación más directa e interactiva. Según algunos autores, el período de atención sostenida del alumno es entre 10 y 20 minutos. ¿Qué vías o estrategias tiene el profesor para mejorar la capacidad de atención de los alumnos? Sin lugar a dudas esta es una cuestión fundamental para el profesor.

Una vía altamente efectiva para estimular la atención de los estudiantes es suscitar la curiosidad. A los seres humanos –destaca Francisco Mora, profesor de Neurociencia– nos cuesta reflexionar porque hacerlo requiere un esfuerzo. Sin embargo, somos curiosos por naturaleza. Lo que queremos decir es que el docente puede aprovechar que los alumnos son *curiosos por naturaleza* para despertar su atención. Por ejemplo, iniciar la clase con "una pregunta *provocadora* relacionada con un problema real" es una estrategia en esa dirección. "El inicio de la clase –apunta Mora (2014)– debería despertar el interés; en la mitad de esta podría facilitarse la reflexión a través del trabajo cooperativo y utilizar el final para repasar lo prioritario". En definitiva, se trata de utilizar la curiosidad en el aprendizaje.

Una segunda vía o estrategia es el hacer uso de la *variedad*. La variación estimula el interés. Cierto. En este sentido Mora sugiere intercalar en la exposición que hace el profesor, ejemplos, historias, metáforas, actividades que requieran analizar diferencias. En definitiva, intercalar elementos –que por el cambio y la novedad que llevan asociados– capten la atención del alumno y la activen. Finalmente, Mora destaca los efectos beneficiosos que las emociones positivas tienen sobre la atención y en consecuencia en el aprendizaje. Los elogios adecuados al alumno, es decir, por una mejora en el esfuerzo o en el rendimiento; la sonrisa y la mirada del profesor; el enfoque del docente centrado más en comentarios positivos que en los déficits y errores del alumno, son estrategias que provocan emociones positivas en los alumnos. Se trata de una cuestión de actitud por parte del profesor.

Otra vía que proponemos para avivar la atención de los jóvenes estudiantes es mediante *la escucha* atenta y profunda del profesor a los alumnos. Todos los profesores en más de una ocasión nos hemos quejado de la falta de escucha de nuestros alumnos, es decir, la falta de interés por lo que dice el profesor. La inatención lleva a los alumnos a una pérdida importante de la información. Escuchar y crear en el aula un clima que favorezca la escucha mutua profesor-alumno-profesor, es una vía excelente para paliar la creciente falta de atención en las aulas. Se trata de escuchar para despertar la atención de los alumnos. Parafraseando a los investigadores Carl R. Rogers y Richard E. Farson, la buena escucha "provoca cambios en la vida de los demás" (Diez, 2022), pues crea conexiones con las personas a las que se quiere ayudar. El primero que ha de saber escuchar es el profesor. Si el profesor no sabe escuchar, le será imposible enseñarlo a sus alumnos. El primer paso tiene que darlo el profesor. No se trata únicamente de una serie de estrategias externas para que el alumno perciba que el profesor le está dedicando un tiempo valioso escuchándole o pareciendo que lo hace. La buena escucha del profesor sobre todo pone atención en lo que el alumno *siente* –que probablemente el alumno no lo pronuncia–, hecho que no pasa desapercibido al joven estudiante. La buena escucha genera confianza y cercanía, y despierta la atención.

Los mejores profesores no solo transmiten conocimientos, sino que además transmiten emociones: ganas de aprender, de trabajar bien, de ser mejor persona. Los mejores profesores despiertan la atención de sus alumnos con una docencia que, además, del conocimiento tiene en cuenta qué les interesa a sus alumnos, qué les gusta, qué les hace sufrir. Una docencia precedida por una atenta escucha del profesor a sus alumnos cambia por completo el ambiente del aula.

Se trata pues de saber empatizar con los alumnos, esto es, saber *ponerse en sus zapatos*. Dicho con otras palabras, descubrir su sentir, aceptarlo y respetarlo. A nuestro modo de ver, es entonces cuando el profesor habla en unos términos que al alumno le interesan y este pone mucha más atención en lo que dice el profesor.

Pero, ¿es suficiente saber escuchar a los alumnos, contar con la curiosidad, la variación y las emociones para despertar la atención de los alumnos? Todas esas estrategias parecen excelentes, pero a nuestro modo de ver son todavía insuficientes. ¿Qué más hace falta? Hace falta que el profesor logre convertirse en un testimonio real de lo que dice y de lo que enseña. Que la materia que enseña le guste con pasión y que él sepa contagiar su entusiasmo a sus alumnos.

Las actividades extraescolares

Hablar de actividades extraescolares es hablar de actividades para los alumnos, que en principio se realizan fuera del horario escolar –si bien hay escuelas que las ofrecen dentro del horario escolar de mediodía– y que en muchos casos complementan o refuerzan la enseñanza reglada básica que se imparte en los centros escolares; por así decirlo, son enseñanzas que están fuera del currículo escolar. Hay quienes denominan a las actividades extraescolares el "ocio educativo", las consideran una alternativa al "ocio de las pantallas". Otros afirman con contundencia que "realizar alguna actividad después de clase únicamente debe sustituir horas de sofá o de televisión, nunca de convivencia familiar, deberes o juegos". Todos compartimos que un tiempo de ocio nunca puede convertirse en un cúmulo estresante de obligaciones infantiles.

Este tipo de actividades son muy variadas, van desde la práctica de un deporte –sobre todo el fútbol, al menos en España–, hasta el aprendizaje de un nuevo idioma, de un instrumento musical, de una habilidad o maestría (pintura, cerámica, cocina, danza, teatro, papiroflexia, etc.). En muchos casos se tratará de potenciar una cualidad innata del joven educando, o por el contrario de suplir una carencia. En cualquier caso, son actividades que siempre deben favorecer el crecimiento personal del alumno.

Los expertos alertan de que un exceso de actividades extraescolares en los niños puede derivar en el llamado *estrés infantil* que se manifiesta con cansancio crónico, sentimiento de preocupación constante por la actividad siguiente, dificultades para conciliar el sueño, etc. Las actividades extraescolares no pueden ocupar el tiempo de juego, de lectura tranquila, de reflexión, de convivencia familiar, de estudio individual y deberes del colegio, de ayuda en casa con las tareas domésticas, es decir, deben respetar estos tiempos tan educativos para el desarrollo integral de un niño o un adolescente.

Los escolares –afirman los psicólogos y pedagogos– necesitan también un tiempo para descansar, que ha de ser un tiempo para vivir verdaderamente a su aire, un tiempo que les permita poner en práctica su imaginación y su capacidad de decisión. Por esto nos parece importante hacernos eco de la recomendación de muchos especialistas en educación: "siempre deben quedar tardes libres".

Es importante que la actividad extraescolar que un alumno practica sea de su agrado, le interese y le divierta; de ningún modo puede ser una carga que le aburra soberanamente o no le interese. Su opinión a la hora de elegir una extraescolar es fundamental. A los hijos hay que escucharlos, ayudarles a tener criterio y dejarles elegir.

El interés por parte de los padres

El afán por tener unos hijos *preparadísimos* es una característica de los padres de la sociedad actual. Ese afán, en algunos casos, se convierte en una obcecación por llenar de actividades el tiempo libre extraescolar, hasta sobresaturarles de actividad.

Los objetivos que los padres persiguen al elegir y apuntar a sus hijos a una de las múltiples actividades extraescolares ofertadas son muy diversos. Hay padres que con esa práctica a lo que realmente aspiran es a proporcionar a sus hijos una formación más amplia y completa que la que les ofrece el colegio, quieren para ellos una formación integral, es decir, que abarque todos los aspectos de la persona.

Otros, en cambio, están interesados en extraescolares que contribuyan a "gastar" la energía propia de los adolescentes –desbordante e insaciable en muchos casos– para que lleguen a casa más sosegados en aras a una menor conflictividad en el hogar.

Hay también padres que se conforman sencillamente con que las extraescolares *ocupen*, sin más, el *tiempo libre* de sus hijos, se podría decir que simplemente aspiran a que esas actividades los entretengan y de paso aprendan algo o bien hagan deporte; esto suele ocurrir con mayor frecuencia cuando el horario laboral de los padres termina más tarde que el horario escolar de los hijos. De hecho, –asegura la investigadora Sheila González Motos de la Universidad Autónoma de Barcelona– las actividades extraescolares "experimentaron un crecimiento notable de la mano de la incorporación de las mujeres al mercado laboral" (González, 2016). Por así decirlo, esos padres aspiran a que una actividad extraescolar haga las veces de una *guardería* para niños o adolescentes.

Por supuesto, es primordial que las extraescolares sean actividades acordes a la edad, las circunstancias y las características de cada alumno. En este sentido, por ejemplo, hay padres interesados en extraescolares orientadas a un aprendizaje enfocado a que su hijo gane en sociabilidad, que adquiera o crezca en competencias básicas para la vida y aprenda a interactuar con los demás; dicho con otras palabras, que descubra y aprenda a desarrollar valores como son la paciencia, la empatía, el autocontrol, el espíritu de equipo, la capacidad de adaptación, por poner unos ejemplos. Otros, en cambio, optan por actividades que promuevan en sus hijos la autonomía personal, la responsabilidad, o bien la creatividad. Los intereses por parte de los padres son muy variados.

A nuestro modo de ver, las "buenas" actividades extraescolares han de cumplir al menos tres requisitos: 1) que aporten nuevos aprendizajes al alumno; 2) que favorezcan su crecimiento personal; y 3) que el alumno disfrute realizándolas, esto es, que su práctica no le suponga una carga.

Algunos de sus efectos

Una joven graduada en Comunicación, que en su período escolar dedicó muchas horas semanales –fuera del horario escolar, año tras año– a la danza clásica, nos cuenta su sentir de aquellos años de trabajo intenso y a la vez de gran gozo por la práctica de la danza como actividad extraescolar:

> *Me encanta la danza clásica. Lo descubrí a los cinco años y la practiqué hasta los dieciocho años. Tuve maestros muy buenos, disfrutaba como nadie en sus clases. Sin el apoyo incondicional y constante que tuve siempre de mis padres (también económico), yo no hubiera*

podido hacer compatible mis estudios escolares con esa mi gran afición, sobre todo al llegar al bachillerato. Aprendí danza, pero además aprendí a organizarme y a aprovechar el tiempo como la que más. Todos los esfuerzos de aquellos años, sin lugar a dudas, me valieron mucho la pena, si bien es cierto que no pude apuntarme a muchos planes de amigas y amigos típicos de los viernes por la tarde-noche de aquellos días: eso a veces hizo sentirme un poco "descolgada" de mi grupo de amigos. Sin embargo, mis amigas de verdad las tuve siempre conmigo. El balance es del todo positivo.

Realmente el apoyo logístico, económico, material, incluso emocional, por parte de los padres es un factor importante en los efectos que producen determinadas actividades fuera del horario lectivo, en particular las extraescolares competitivas y las que se esperan de ellas resultados como pueden ser clasificaciones, récords deportivos, exigencias de nivel, diplomas, o trofeos.

La mayoría de las extraescolares se realizan en grupo. No obstante, cómo impactan a cada niño o joven en particular es muy variado. De hecho, "el alumnado con dificultades de aprendizaje y el socialmente vulnerable –asegura González Motos– es más sensible a experimentar mejoras por su participación en actividades extracurriculares" (González, 2018). Por otro lado, asegura esta investigadora, la gran heterogeneidad tanto en cuanto a la actividad en sí misma como en cuanto a quien la dirige e imparte, hace que su calidad y su impacto en el aprendizaje del alumno y en su rendimiento escolar sean muy variables.

Un efecto claramente dañino de las actividades extraescolares y que se presenta con una relativa frecuencia, es el cargar la *mochila* de los hijos con las ilusiones, los gustos o muy en particular las frustraciones de sus padres. Este sería el caso, por ejemplo, del padre o la madre que no logró ser campeón o campeona en un deporte determinado y obliga a su hijo a entrenar muchas horas a la semana para que él sí lo logre. En esta línea los ejemplos son muchos y variadísimos. Parafraseando al educador social Antonio Reloba, los hijos no tienen la obligación de enmendar los fracasos de sus padres; si los padres anhelan que sus hijos alcancen metas que ellos no pudieron alcanzar, entonces estarán poniendo una barrera a sus hijos para que estos alcancen sus propios sueños con libertad. Dicho con otras palabras, la elección y la práctica de una extraescolar debe responder a un interés del alumno, y no a unas expectativas *personales* deportivas, artísticas, culturales, tecnológicas o del tipo que sea de sus padres (paternas o maternas).

En cualquier caso, la periodista Mayte Rius destaca –y vale la pena tenerlo en cuenta– las horas de actividades extraescolares son horas totalmente planificadas y dirigidas por adultos, lo que muy probablemente no va a favorecer la creatividad y la espontaneidad personales del joven educando, ni su capacidad de decisión y de resolver problemas en solitario (Rius, 2011).

¿Compensan o acrecientan desigualdades?

Ciertamente las actividades extraescolares –al menos en su gran mayoría– suponen un gasto económico añadido a los padres. Esto hace que no todos los alumnos cuenten con las mismas oportunidades educativas extraescolares para llegar a una formación integral. Mientras que hay quienes aseguran que las extraescolares compensan *desigualdades de partida* en relación al aprendizaje de determinados alumnos, otros aseguran que hacen crecer la brecha de la desigualdad. Esas voces alegan, no sin cierta razón, que las familias con rentas más bajas tienen el acceso más restringido a las actividades que son de pago. De hecho, los hijos de clases económicamente más bajas acuden menos a ellas y su tiempo libre probablemente lo dedican más a las pantallas, actividades sedentarias. Esta circunstancia puede tener un impacto negativo –y efectivamente pensamos que lo tiene– en el rendimiento escolar de estos alumnos.

El pedagogo Carles Barba –responsable de la iniciativa que lleva por nombre *Educació 360*, que pretende conectar la vida de los centros escolares con las actividades educativas que tienen lugar fuera de ellos– observa que existen también otros motivos por los que los alumnos se apuntan o no a determinadas actividades extraescolares. En efecto, ante esa circunstancia "intervienen elementos sociales y culturales de las familias, y también territoriales, porque en un pueblo pequeño no hay las mismas posibilidades que en una ciudad" (Barba, 2018), destaca Carles Barba. A su vez, si hay conexión entre los monitores o profesores que imparten la extraescolar y el tutor o profesor de aula, el beneficio para el alumno suele ser mayor.

Las actividades extraescolares forman parte del llamado "currículo oculto", es decir, permiten aprendizajes insuficientemente atendidos por la escuela. Aprendizajes que consideramos importantes, de interés para los alumnos, que les enriquecen como personas y les ayudan a crecer. Sin embargo, los niños socialmente menos favorecidos tienden a participar menos en esas actividades. Como solución a esta situación discriminatoria se propone "crear ayudas económicas [becas] para los alumnos socialmente desfavorecidos" y "desarrollar normativamente el derecho de los niños al ocio educativo en condiciones de igualdad".

No obstante, no podemos olvidar que las diferencias entre las familias en cuanto a la importancia que dan a la educación y la cultura, la cantidad y la calidad de información que les llega, y las actitudes que los hijos presentan ante su propio aprendizaje y tiempo libre, son una realidad. Lo que queremos decir es que la formación a los padres de los alumnos no es una cuestión baladí. Los padres son los primeros educadores de sus hijos y cuando se trata de hacer partícipes a todos los niños y adolescentes de unas enseñanzas no regladas, fuera del horario escolar, el papel de los padres es clave y decisivo.

La importancia del juego en la educación

El juego del niño es un tema muy amplio que se ha abordado muchas veces y desde diferentes perspectivas. Juego y aprendizaje siempre han ido de la mano. En el libro póstumo de Francisco Ferrer Guardia, titulado *La Escuela Moderna*, publicado en el año 1912, su autor destaca el juego del niño como un elemento importante en su educación. Para Ferrer Guardia el juego es indispensable a los niños, "el juego espontáneo –escribe este autor– que es de la preferencia del niño, predice su ocupación o disposiciones nativas. El niño juega a hombre, y cuando llega a la edad viril hace en serio aquello que de niño le divertía" (Ferrer, 1912, p. 80). Para este autor el juego es clave en la vida del niño.

El libro de Paul Moor titulado precisamente *El juego en la educación*, publicado en 1972 –sesenta años más tarde–, aspiraba a mostrar las posibilidades educativas y terapéuticas que se dan en el juego. Según Moor, de acuerdo con la psicología del desarrollo «la postura de juego cede a la actitud de trabajo», y más adelante escribe: "El juego del niño es y significa una cosa completamente diferente de lo que es y significa el juego del adulto. El juego del niño es capaz de abarcar en sí, de una forma indivisa e íntegra toda la vida de este. Por tanto, del juego del niño puede surgir todo lo que después tendrá importancia en la vida, la fuerza de su voluntad y la plenitud de su afectividad" (Moor, 1977, p. 59). Moor deja claro la repercusión que tiene el juego del niño en su vida de adulto del mañana.

En la pedagogía actual el juego es considerado un elemento fundamental para el aprendizaje y el desarrollo integral de niños y niñas. Con el juego aprenden sin apenas darse cuenta y divirtiéndose. El profesor recurre al juego para *enseñar deleitando*. Es decir, trata de añadir al juego elementos educativos (introduce juegos educativos) o bien trata de apoyarse en el juego para enseñar (introduce elementos del juego en la clase). Lo que queremos decir es que el juego entra en la escuela por dos vías: una vía es mediante el aprendizaje basado en juegos con objetivos curriculares; y la otra vía es incorporando elementos del juego en entornos de aprendizaje, esto es, en entornos de no juego, no lúdicos. En este último sentido, la *aplicación del juego en contextos educativos* ha dado paso a la *gamificación* o «aprendizaje divertido»: una metodología de enseñanza-aprendizaje cada vez más extendida que se apoya en los elementos del juego (desafíos, retos, puntos). Es una alternativa que cuenta con numerosas iniciativas –propuestas diseñadas por docentes, plataformas digitales– en las aulas de la escuela actual.

La gamificación o «el aprendizaje divertido»

Aprender a relacionarse con los demás, respetar normas, organizarse y tomar decisiones, son tres ejemplos –entre otros– que multitud de juegos educativos ofrecen a los niños en las primeras etapas escolares. Cabe decir que en esas etapas el aprendizaje se plantea principalmente como un juego, un juego al que se añaden objetivos educativos. Sin embargo, el juego se incorpora en la escuela, además, aplicando técnicas de juegos en la clase, esto es, *gamificando* la clase sea del tipo que sea y en todas las etapas escolares.

La palabra gamificación proviene del inglés, de la palabra *gamification*. La gamificación [o ludificación] es una metodología que aplica técnicas de juego en contextos educativos, no lúdicos, con el fin de conseguir mejores resultados. "La idea de la gamificación –escribe Virginia Gaitán– no es crear un juego, sino valernos de los sistemas de puntuación-recompensa-objetivo que normalmente componen a los mismos" (Gaitán, 2021). Esta técnica de aprendizaje pretende aumentar la participación de los estudiantes en el aula, conseguir el «querer aprender» por parte de los alumnos, premiar el esfuerzo del estudiante y penalizar la falta de interés en el aprendizaje.

Según Herberth Alexander Oliva, la gamificación permite al alumno "ver el error como algo bueno y superable" (2016, p. 36). Hablar de gamificación es hablar de retos, recompensas, logros. Es también hablar de abandonar el modelo expositivo tradicional en el que el profesor es el centro del acto educativo. En cuanto a sus ventajas, la gamificación es una metodología –explica este autor– que estimula y mejora el trabajo en equipo y motiva al alumno a esforzarse. En definitiva, persigue el aprender disfrutando, apoyándose en los elementos del juego (misión, reglas, puntos, desafíos o retos). "Gamificar –afirma Oliva– no es únicamente limitar la clase a la obtención de puntos o recompensas". Su objetivo va más allá de la diversión o simple entretenimiento. Gamificar es convertir una clase –expositiva tradicional, por proyectos, basada en problemas, aplicando aprendizaje cooperativo, a través de videojuegos, etc.– en un acto de aprendizaje divertido y emocionante que representa un reto. Esta metodología no tiene que apoyarse necesariamente en las nuevas tecnologías. Por su parte, Ángel Torres-Toukoumidis y Luis M. Romero-Rodríguez recalcan que no se trata de "jugar en el aula", ni de "aprender jugando", sino de incorporar elementos del juego en la clase (Torres-Toukoumidis y Romero-Rodríguez, 2018, p. 62).

"Los expertos –escribe Inma Flor– aseguran que el juego como método de aprendizaje, desarrolla habilidades y competencias como la motivación, la concentración y el esfuerzo" (Flor, 2017). Las iniciativas que se apoyan en la gamificación son múltiples en las diversas materias: geografía, matemáticas, ciencias naturales, etc. Sin embargo, es bien sabido que en general para las chicas es más importante el *participar* que el *ganar* y que los chicos son de ordinario más competitivos que las chicas. Tratándose de una metodología basada en los elementos del juego, cabe preguntarse si la gamificación es igual de eficaz para los chicos que para las chicas, es decir, ¿el comportamiento de los chicos y el de las chicas en un entorno educativo competitivo es el mismo?, ¿la presión competitiva afecta de igual manera a las alumnas que a los alumnos? En definitiva, se trata de proporcionar situaciones de *aprendizaje atrayente* acordes con los objetivos y contenidos del currículum establecido, para todos los alumnos sean chicas o chicos.

El juego como elemento transformador de personas

"El que trabaja –escribe Paul Moor– se está preguntando constantemente por el sentido del trabajo y en su trabajo tiene que tomar continuamente nuevos impulsos. Solo cuando el trabajo se le vuelve juego, cuando lo realiza «jugando», ya no pregunta más. Sin embargo, el que juega, y sobre todo el niño que juega, que sabe jugar mucho mejor que el adulto, no pregunta por qué, cómo y para qué juega" (Moor, 1977, p. 14). La grandeza del juego estriba en que tiene siempre su fin en sí mismo. Jugamos por jugar y disfrutamos jugando precisamente porque no lo hacemos por su utilidad. La seriedad de los niños en su juego no es señal de aburrimiento, sino de disfrute, de la total concentración de su atención en algo que tiene valor en sí mismo. Su seriedad no impide su gozo interior. Moor se pregunta "¿cómo en el juego infantil la vida empieza a orientarse hacia una misión?", dicho con otras palabras, ¿de qué manera el juego del niño es una preparación para su vida futura?

Según la educadora especializada en juego Imma Marín, "el niño en su juego no espera otro beneficio que el gozo de jugar", sin embargo, "con el juego –añade– aparecen beneficios colaterales" (Marín, 2018) que transforman a la persona. Para comprender de qué beneficios se trata, parafraseamos a esta autora tras escuchar sus palabras. Jugar es una actitud ante la vida, una actitud que trasciende el propio acto de jugar. Es también una capacidad del ser humano, por lo tanto, se puede entrenar. Cuando el niño juega se siente libre, es decir, no se siente cuestionado; vive en el presente, pues cuando juega solo tiene ojos, manos y cabeza, para aquello con lo que está jugando; toma decisiones y tiene iniciativas; se arriesga sin miedo a arriesgarse ni a equivocarse, ya que en el juego el error forma parte del proceso, el fallo en el juego pide *intentarlo de nuevo* con pasión; pone pasión en lo que tiene entre manos, es decir, vive la dificultad como un reto; crece su curiosidad –¡el motor del aprendizaje!–, crece su deseo de saber, su capacidad de hacerse preguntas; crece también su creatividad que es tratar los objetos y las ideas de manera no convencional; tolera la incertidumbre, una emoción incómoda y difícil de gestionar; tiene buen humor y disfruta de la belleza. El juego, además, ayuda a sostener el esfuerzo. Como puede verse los beneficios colaterales del juego no son pocos ni banales.

Los beneficios que proporciona el juego conforman una actitud en la persona que enriquece su personalidad, una actitud que se refleja en su modo de actuar, de trabajar, de vivir. Por lo tanto, estamos convencidos de que el juego del niño influye en gran manera en su vida futura, en su vida de adulto, tanto en su trabajo como en sus relaciones sociales y toda su actividad vital.

El sentimiento de soledad en los jóvenes

Las personas por naturaleza somos sociales. Necesitamos relacionarnos unos con otros para escucharnos, ayudarnos, compartir (alegrías, celebraciones, ilusiones, inquietudes, sinsabores, penas, ausencias), es decir, necesitamos sentirnos acompañados. El ser humano necesita querer y sentirse querido y trata a toda costa de evitar sentirse solo. A su vez, las personas a veces necesitamos poder recogernos interiormente, esto es, necesitamos una cierta soledad –libremente elegida– para pensar sobre alguna cuestión que nos interpela, para descubrir nuestros afectos y deseos y así comprendernos mejor, también para encontrar respuesta a inquietudes, tomar decisiones importantes, o para abordar cuestiones o circunstancias nuevas que surgen inesperadamente en la vida de uno. Por así decir, necesitamos también *la calma* que de ordinario la soledad lleva asociada y facilita la reflexión. Por otro lado, a veces detrás de la soledad buscada puede encontrarse el miedo, la cobardía o el egoísmo. Lo que queremos decir es que el sentimiento de soledad puede ser buscado por motivos diferentes, pero también puede irrumpir –sin pedir permiso y de manera dolorosa– en el alma de la persona.

Sentirse solo es diferente a estar solo. El sentimiento de soledad *transitorio* –resultado de unas circunstancias externas temporales– poco tiene que ver con el sentimiento de soledad profundo y doloroso, tan difícil de combatir, al que en este artículo queremos referirnos: un sentimiento de soledad que se instala en la persona, permanece en ella, le entristece y puede dar paso al dañino *aislamiento social crónico* que es incomunicación y falta de socialización.

A menudo el problema que más aflige a los jóvenes –y también a muchos adultos– es el de una dolorosa sensación de soledad. La relación entre el sentimiento de soledad y la felicidad es una realidad. Por eso, urge prestarle atención para ganar en su comprensión, reflexionar y encontrar posibles remedios a este problema. ¿En qué consiste el sentimiento de soledad?, ¿cómo se expresa externamente?, ¿cuáles son sus causas?, ¿cómo superarlo o resolverlo?, son algunas cuestiones que aspiramos a abordar en este artículo.

En qué consiste el sentimiento de soledad

La sensación de soledad es un sentimiento triste que rompe el alma. Está al margen del número de personas que físicamente uno tenga a su alrededor –tanto en casa, como en el colegio, la universidad, el trabajo, o donde sea que uno esté o vaya– y al margen del número de personas con las que uno esté conectado virtualmente y, por supuesto, al margen de los *likes* que pueda coleccionar en las redes sociales.

La soledad dolorosa es un problema creciente que nace del aislamiento, del cerramiento sobre uno mismo, quizá como consecuencia de las heridas recibidas en el trato con los demás. Es equivalente a sentirse privado de cariño, apoyos, compañía, consuelo, comprensión, escucha afectuosa y de poder compartir cosas importantes. En definitiva, es sentirse dolorosamente abandonado o al menos decepcionado por personas de las que uno esperaba atención y correspondencia afectiva (familiares, amigos, colegas profesionales, etc.). Es también sentir que *a nadie le importo*. Según el periodista Emilio Ordiz, "las personas más jóvenes relacionan la soledad con el fracaso personal y el rechazo de otras personas (el hecho, por ejemplo, de no sentirse integradas en un grupo)" (Ordiz, 2019). Es decir, no sentir *que pertenezco*.

¿Cuáles son sus causas? Quizás es la educación recibida, el temperamento propio, una experiencia padecida, o tal vez un no saber mirar al Cielo o al entorno. En todo caso, vale la pena pensar si esas causas están en los demás o en uno mismo. El filósofo Rafael Alvira escribe que "hay dos soledades: la activa y la pasiva. La primera es solo aparente: me separo momentáneamente para ponderar y calibrar aquello en lo que estoy interesado, aquello que me gusta. La segunda es la propia del aburrido" (Alvira, 1997); para este autor, "el aburrimiento es una muerte social, y su causa una insuficiencia filosófica (...). La persona, en cuanto persona, muere de hecho exactamente por lo mismo que muere la sociedad: por la desaparición del diálogo" (Alvira, 1997). El aburrimiento juvenil –explica Alvira– no puede superarse ni con la diversión ni con la actividad trepidante, sino que precisa el diálogo.

Sufrir la soledad se deja ver por fuera. Externamente la soledad se manifiesta con la ausencia de comunicación afectuosa con los demás en el mundo real (no virtual), es decir, un aislamiento social físico o alejamiento social que es visible. A su vez, el sentimiento de soledad va acompañado –de ordinario– de un semblante y una actitud tristes que provienen de una profunda tristeza interior. La necesidad de querer y sentirse querido nunca desaparece en la persona.

Cómo superarlo

¿Cómo podemos superar el sentimiento de soledad? A nuestro modo de ver una vía eficaz para superarlo consiste en aprender a considerar a los demás y a contar con ellos. Es decir, en lugar de tener la mirada concentrada en uno mismo, en *mis* cosas (*mi* currículum, *mi* diversión, *mi* bienestar, etc.) pasar a tenerla puesta en los demás; es decir, aprender a mirar al otro con los ojos del corazón. Olvidarse de sí mismo facilita descubrir las necesidades del otro para poder, después, echarle una mano y dedicarle libre y gustosamente un tiempo, es decir, acompañarle. Se trata de establecer una grata y enriquecedora comunicación.

Contar con los demás significa también no conformarse única y exclusivamente con la mirada propia –¡mi punto de vista que siempre es parcial!– de una realidad (una circunstancia, un problema, una herida en el alma, una solución, etc.). Abordar la vida en solitario (ir en solitario), además de ser bastante aburrido, hace las cosas más difíciles, favorece el encerrarse en uno mismo, empequeñece el conocimiento y dificulta aprender y crecer. Por el contrario, el diálogo afectuoso, la escucha atenta al otro y el esfuerzo por reflexionar, por aprender a expresar la propia interioridad y por aprender de los demás, son elementos que ensanchan la mirada y el corazón de la persona, y fomentan la interconexión que tanto necesitamos los seres humanos.

Finalmente, queremos mencionar el papel enormemente eficaz de la *escritura personal* para forjar relaciones comunicativas con los demás y superar el sentimiento de soledad. En este sentido, el empeño personal por escribir, por expresar mediante la escritura los propios pensamientos y sentimientos, lo que a uno le interesa o inquieta, nos parece un paso, decisivo, para superar la incomunicación que tantas veces es la antesala del sentimiento de soledad. Después, compartir lo escrito con quienes queremos ensancha nuestra intimidad y nos acerca a la intimidad de los demás.

Las personas somos seres sociales; para ser felices necesitamos sentirnos intercomunicados, vinculados a personas significativas (padres, hermanos, amigos, profesores, compañeros de trabajo, etc.) con las que poder contar y confiar, y también a las que poder ayudar. Por lo tanto, no hay que renunciar al diálogo con los demás ni a ensanchar la mirada y el corazón ni a la reflexión personal para ganar en conocimiento de la propia interioridad. En definitiva, si nos proponemos con firmeza *querer* a los demás y *crecer* mediante la reflexión y el diálogo, entonces la soledad –que es tristeza, dolor y aburrimiento– no se instalará en nuestro interior.

Los elogios a los alumnos

Para educar (padres y profesores) es preciso *querer* a los educandos (hijos y alumnos) y que los educandos puedan percibirlo así. Como tantas veces hemos dicho, una cosa es *saberse* querido y otra muy distinta es *sentirse* querido Los buenos profesores, los mejores, son afectuosos con sus alumnos. Puede suceder que a veces el profesor no sepa o le cueste un poco manifestar su afecto a los alumnos tal como ellos (los alumnos) necesitan. En todo caso, vale la pena que los profesores nos esforcemos para que nuestros alumnos puedan percibir que son queridos por nosotros (los profesores) y que lo son de una manera incondicional. Que el alumno se sienta querido por su profesor influye enormemente en su rendimiento académico y crecimiento personal. Ni que decir tiene que la manifestación del afecto del profesor al alumno no está reñida con la exigencia cordial y argumentada; se trata de que el profesor acepte y quiera a sus alumnos tal como son y no por lo que hacen.

¿Cómo los alumnos pueden percibir el afecto del profesor? Pensamos que hay al menos tres maneras: la primera es con el interés personal del profesor por las cosas de sus alumnos; la segunda, con el saber dar pacientemente segundas, terceras y más oportunidades a los alumnos; y la tercera, cuando sea posible, elogiando oportuna y adecuadamente al alumno. Es en esta tercera vía en la que queremos ahondar en este capítulo, pues para elogiar de una forma adecuada hay que aprender a hacerlo: primero hay que observar y prestar atención al modo de hacer, de trabajar y de lograr objetivos por parte de nuestros alumnos, y, sobre todo, a sus actitudes.

¿Qué significa elogiar?, ¿qué diferencia hay entre elogiar y halagar?, ¿qué conviene elogiar a los alumnos?, ¿por qué?, ¿cómo hacerlo? Estas cuestiones son las que aspiramos a abordar a continuación.

Qué es elogiar

Elogiar es destacar lo *positivo* y *verdadero*; es un reconocimiento, es también ser amable pues un rasgo de la amabilidad es el de ser positivo siempre. Los profesores tenemos que saber decir cosas amables a los alumnos. Ser amable ayuda –entre otras cosas– a sentirse querido. «La palabra "amable" viene del latín *amabilis* y significa "digno de ser amado"». Todos tenemos experiencia de que cuando el alumno se siente querido mejora su rendimiento. Los profesores no podemos limitarnos a ser únicamente correctores o censores, aunque –por supuesto– debamos corregir a los alumnos cuando sea necesario corregirles; no hacerlo sería desentenderse de su mejora personal. Sin embargo, muy probablemente los profesores tenemos que elogiar más a los alumnos, es decir, destacar más lo bueno y positivo de su conducta y sus actitudes –para fortalecerlas– que subrayar lo que hacen mal o lo que podían haber hecho mejor. Podría decirse que se trata de dar un enfoque nuevo a la educación, un enfoque más positivo. De hecho, la educación antigua destacaba más lo que hacían mal los alumnos –lo que había que corregir y castigar– que las cosas positivas que estos hacían. No tenemos la menor duda de que en la educación de los niños, los adolescentes y los jóvenes son más eficaces unas palabras elogiosas que una regañina.

El profesor y escritor Daniel Pennac escribió en su libro *Mal de escuela*, refiriéndose a tres de sus profesores de sus últimos años de escolaridad, el siguiente pasaje que da mucho que pensar:

> *Solo sé que los tres estaban poseídos por la pasión comunicativa de su materia. Armados con esa pasión, vinieron a buscarme al fondo de mi desaliento y solo me soltaron una vez que tuve ambos pies sólidamente puestos en sus clases, que resultaron ser la antecámara de mi vida. No es que se interesaran por mí más que por los otros, no, tomaban en consideración tanto a sus buenos como a sus malos alumnos, y sabían reanimar en los segundos el deseo de comprender. Acompañaban paso a paso nuestros esfuerzos, se alegraban de nuestros progresos, no se impacientaban por nuestras lentitudes, nunca consideraban nuestros fracasos como una injuria personal y se mostraban con nosotros de una exigencia tanto más rigurosa cuanto estaba basada en la calidad, la constancia y la generosidad de su propio trabajo. (...). Habrían sido los*

primeros sorprendidos al saber que, cuarenta y cinco años más tarde, uno de sus alumnos, convertido en profesor gracias a ellos, les habría levantado una estatua solo por haber sido su discípulo (Pennac, 2015, pp. 219-221).

Los estudiantes necesitan comentarios positivos del profesor. Les da seguridad. La opinión del profesor nunca pasa inadvertida al alumno ni la subestima. Es más, le interesa y le influye en su aprendizaje y en sus ganas de aprender. En este sentido, el profesor al elogiar el trabajo o la actitud de un alumno ha de evitar las comparaciones pues pueden hacer daño a los compañeros del alumno elogiado espectadores del elogio, e incluso enturbiar las relaciones entre ellos.

La segunda palabra clave para un buen elogio es "*verdadero*", es decir, que sea un comentario verdadero, esto es, cierto y alejado de todo formulismo. Un elogio es una alabanza. Alabar de manera inmerecida –incluso de manera exagerada– al menos de entrada incomoda a quien va dirigida la alabanza y de ordinario genera rechazo y desconfianza hacia el autor de las palabras de tal elogio. En este caso el elogio no es beneficioso, sino que perjudica a ambos. Algunas personas a ese tipo de elogios los califica de *tóxicos* por el malestar que producen, también hay quienes los denominan *elogios manipuladores* diseñados para controlar un comportamiento. Elogiar nada tiene que ver con "halagar" que es «adular o decir a alguien interesadamente cosas que le agraden» para satisfacer su orgullo o vanidad.

Elogiar acertadamente conlleva conocer bien a la persona –al alumno– a quien se dirige el elogio. Conocerle permite elogiar en el mejor momento y del modo más adecuado. "No son pocos los alumnos que se pueden sentir avergonzados por un elogio público y esto debe ser tomado en cuenta por quien desea hacer el reconocimiento. Respetar nuestra diversidad y nuestra forma de ser, forma parte de ese sentimiento de alegría y satisfacción que queremos lograr en las personas elogiadas" (Redacción ColegiosGuatemala.com, 2017). De ordinario los alumnos adolescentes prefieren el elogio en privado. Desde luego los elogios no concretos o imprecisos les dejan impasibles: es muy diferente decir a un alumno "*buen trabajo*" que decirle "*has escrito un texto, bien estructurado, claro y convincente*", por poner un ejemplo. En realidad, los elogios expresados con cierta precisión y a la vez sinceros son los que efectivamente pueden ayudar al alumno a mejorar.

Elogiar para fortalecer aprendizajes

Ciertamente hay que pensar qué se elogia o alaba, dónde, cuándo y cómo, incluso con qué palabras y en qué dosis. El acto de elogiar pide observación, empatía y cariño. Según el profesor Daniel T. Willingham de la Universidad de Virginia, "el contenido del elogio debe expresar felicitaciones (en lugar de expresar un deseo de otra cosa que el niño deba hacer" (Willingham, 2006). A nuestro modo de ver, se trata de elogiar el esfuerzo, el cumplimiento de metas o el logro de objetivos, la constancia en el trabajo, la mejora en el rendimiento, un gesto o detalle de ayuda para con los otros. Lo que queremos decir es que los profesores debemos elogiar a los alumnos para fortalecer o reforzar actitudes y hábitos buenos y modos de proceder positivos, no capacidades o habilidades propias del alumno (Ocampo, 2017).

Cabe considerar que elogiar o alabar al alumno supone por parte del profesor una cierta admiración hacia el alumno por lo que ha hecho o por su mejora personal. Esa admiración solo surge si el profesor logra fijarse más en los aspectos positivos del alumno que en los negativos y no antepone sus hechos pasados (del alumno) a los presentes (Aguiló, 1999). "Con ello –escribe Alfonso Aguiló– les haremos y nos haremos mucho bien".

El buen elogio ni intimida ni engríe ni envanece. En algunos casos, el profesor quizá tendrá que enseñar al alumno a aceptar sin arrogancia la alabanza recibida, esto es, aceptarla con naturalidad, educación y sinceridad. En otros casos, tal vez convendrá elogiar a un alumno en su ausencia por algo que haya hecho y no delante de él. De hecho, elogiar tiene sus peligros. En este sentido, hay que decir que el elogio a veces en lugar de tener un efecto positivo (constructivo) puede despertar o fomentar en el alumno sentimientos negativos de soberbia o vanidad, incluso puede suceder que el alumno *se esfuerce* y *trabaje bien* única y meramente para recibir el elogio del profesor.

Se trata pues de elogiar al alumno de manera pensada lejos de toda improvisación, para reforzar buenos modos de trabajar y de tratar a los demás, para darle seguridad y estímulo en su quehacer diario, y sobre todo y a la vez para que pueda percibir el afecto y apoyo del profesor que tanto influye en su rendimiento académico y crecimiento personal. El buen elogio es constructivo, ayuda al alumno y ayuda al profesor.

El problema de las vacaciones escolares

Las vacaciones son para todos un tiempo de descanso de lo habitual. En el caso de los escolares son unos días sin clases ni aprendizajes reglados en la escuela. Se trata de una pausa en la *actividad escolar* para recuperar fuerzas tanto los alumnos como los profesores. En nuestro país las vacaciones escolares se reparten a lo largo del año en tres períodos: Navidad o vacaciones de invierno, Semana Santa o vacaciones de primavera y las vacaciones estivales que es el período más extenso de los tres con una duración de más de dos meses.

Algunas personas asocian "descanso" con "inactividad". Sin embargo, nosotros estamos convencidos de que la mejor manera de descansar en vacaciones es *hacer cosas* con otros y disfrutar haciéndolas. De hecho, la inactividad siempre va unida al aburrimiento y nunca beneficia a quien la padece. De alguna manera podría decirse que las vacaciones escolares es una realidad con dos caras o dos miradas muy distintas: una es la de los escolares y los profesores, y otra la de los padres y algunos abuelos. Para los primeros es un tiempo muy esperado, para los segundos –al menos para unos cuantos– es un tiempo *temido*: ¿cómo convivir con los niños las 24 horas del día, incluidas mis horas de trabajo laboral?, es la pregunta que se hacen muchos padres. "Lo primero que deben tener en cuenta los padres es que esta situación no es para siempre, es temporal de varias semanas, tiene fin y, después, vendrán las vacaciones todos juntos y, de nuevo la vuelta al cole. Partiendo de ahí hay que intentar tener tranquilidad mental" (Ramos-Paúl, 2022).

¿Cómo organizar las vacaciones de los hijos escolares? Horarios, actividades, aprendizajes, encuentros familiares, encargos en casa, voluntariados, etc. "Lo importante es proporcionar a los hijos medios para que se mantengan activos en las vacaciones mientras aprenden y que, de esta manera, no caigan en un período de aburrimiento perpetuo" (Euroinnova, 2022). ¿Cómo organizar las vacaciones?, ¿recurrir a los abuelos es una buena opción?, ¿cómo compaginar el cuidado de los hijos en vacaciones con el trabajo profesional de los padres?, ¿la conciliación es posible? Nuestro objetivo en este artículo es abordar estos interrogantes.

¿Cómo organizar las vacaciones de los escolares?

Las vacaciones escolares son largas. Para no pocos son *demasiado* largas. Organizarlas es tan necesario e importante como complicado cuando no coinciden las vacaciones de los hijos con las de los padres que es lo que suele pasar. Disfrutar con lo que se hace con otros, aprender y formarse son las tres ideas *clave* para unas buenas vacaciones, al margen de pasarlas en un lugar lejos o no de casa. Las opciones *para hacer* cosas en ese período son muchas y bien conocidas: un voluntariado en la misma ciudad en la que el alumno reside o en otra, en otro país, o en el propio hogar; unos campamentos o unas colonias; un tiempo de piscina diario; un curso de cocina o de cualquier otra actividad que interese al escolar; hacer más deporte; leer más, etc. Se trata de huir de la inactividad y del aislamiento que, por ejemplo, produce un exceso de pantallas.

Sin embargo, conciliar el cuidado de los hijos y el trabajo laboral de los padres en las vacaciones escolares es una ambición difícil de lograr para muchos padres. Por supuesto que conseguirlo depende de la edad de los hijos, del horario laboral de los padres y del tipo de trabajo profesional que realicen, entre otras cosas. Sobre este tema se ha dicho mucho, aunque no tenemos una solución que satisfaga plenamente a la mayoría de los padres, bien por el coste económico que comporta inscribir a los hijos en determinadas actividades, bien por la logística que supone (llevarlos y traerlos al lugar donde se realizan las actividades), o bien por los horarios, por citar tres posibles motivos de esa insatisfacción. Cabe destacar que para algunos padres el horario intensivo en su jornada laboral es solo un alivio –¡no más! – en esos días de asueto para los hijos en casa y sin colegio.

En todo caso, según los expertos es clave para unas buenas vacaciones establecer un horario para esos días de descanso, si bien más relajado y con mayor flexibilidad que durante el curso. Un horario adaptado a las características de cada familia y a las circunstancias veraniegas, relacionado con la hora de levantarse y acostarse, las comidas, las tareas del hogar previo reparto de ellas entre todos los miembros de la familia y también con las actividades de ocio y deportivas elegidas a nivel personal y también las consensuadas a nivel familiar. En este sentido, las vacaciones escolares además de ser un tiempo de descanso pueden ser una oportunidad de crecimiento personal para todos y cada uno de los hijos y una ocasión para incrementar la unión familiar.

Los abuelos en las vacaciones de sus nietos

El papel de los abuelos en las familias es clave en la sociedad. De hecho, se cuenta mucho con la ayuda de los abuelos en el tiempo de vacaciones de los más pequeños de la casa. Todos sabemos que los primeros educadores de los hijos son sus padres, no son los abuelos ni los profesores ni el Estado. Los abuelos de manera natural aportan cariño incondicional a los más jóvenes de la familia, les ofrecen puntos de vista diferentes, además de valores como por ejemplo sabiduría, experiencia, estabilidad. Sin lugar a dudas, los abuelos son en muchos casos un ejemplo de estilo de vida, incluso de cómo envejecer.

Ciertamente son muchos los padres de escolares que acuden a los abuelos para el cuidado de sus hijos y más en particular durante las vacaciones escolares estivales que superan los dos meses y que no coinciden en su totalidad con las de los padres, que en nuestro país son de 30 días naturales. Se trata de un tema delicado y complicado que se ha investigado y estudiado sin encontrar soluciones efectivas. A la vez es un tema que casi todos hemos podido observar quizá sin vivirlo en primera persona, pero sí viéndolo en la vida de otros (familiares, amigos, vecinos, colegas de trabajo). En este sentido, se podría decir que *visualmente* nos llega a todos y oralmente a algunos. Es conocido por todos.

En España, el número de horas semanales que los abuelos cuidan de sus nietos no parece que sea pequeño, aunque lógicamente varía de una familia a otra, pero –sea el tiempo del año que sea al que se acude a los abuelos en busca de su ayuda– estamos siempre hablando de personas de edad avanzada, esto es, con menos fuerzas físicas que los jóvenes, de ordinario con muchas horas de trabajo realizado en sus espaldas y quizá con mucho cansancio acumulado.

A su vez, por otro lado, los abuelos son personas con unas aspiraciones y capacidades determinadas, y en su mayoría jubiladas, es decir, muy probablemente con unos planes hechos para ese período de su vida. Según la catedrática de Psicología Evolutiva de la Universitat de Barcelona Carme Triadó, si la persona jubilada "piensa que los nietos le restan libertad y le impiden disfrutar del ocio y del tiempo libre soñado, la vivencia resulta estresante" (2012). Lo que queremos decir es que recurrir a los abuelos es una opción aceptable, si no supone para ellos (los abuelos) una sobrecarga de actividades y responsabilidades ni se convierte en una jornada laboral o algo parecido. Está claro que una actividad que puede ser placentera –como es cuidar a un nieto– si se sobrecarga, puede convertirse en un peso o una actividad estresante incluso abrumadora. Sin olvidar, además, las tensiones que esta situación frecuentemente genera cuando uno de los dos (el abuelo o la abuela) está más dispuesto a encargarse del cuidado de los nietos que el otro (Rius, 2012).

En definitiva, las vacaciones escolares es una cuestión familiar que por un lado aspira a ser un tiempo de descanso enriquecedor para los hijos y por otro es un asunto complejo a nivel familiar no resuelto en el que hay que pensar para encontrar, entre todos, soluciones conciliadoras orientadas al cuidado de los hijos, sobre todo, en su largo período estival. Se trata pues de convertir esas semanas de descanso escolar en un tiempo –para los más jóvenes de la casa– de gozo con lo que hacen con otros, de aprendizaje y de formación.

El valor del silencio

El trabajo del profesor –docente e investigador– es fundamentalmente un trabajo intelectual. Un trabajo que como tal requiere de manera habitual cuatro actividades diferentes: leer, estudiar, reflexionar y escribir. Ninguna de esas cuatro tareas puede realizarse en medio del alboroto, del bullicio o el griterío. Cada una de ellas, para hacerla bien, reclama silencio que significa quietud externa y serenidad interior de la persona. Lo que queremos decir es que los espacios de silencios son un elemento esencial en el día a día del profesor, tanto a nivel profesional como a nivel personal.

En la escuela el silencio se exige, pero no se enseña su valor, al menos de una manera explícita. No obstante, el silencio favorece la escucha y la reflexión, por lo tanto, favorece el aprendizaje y eso los alumnos deben saberlo. El profesor ha de enseñárselo. Es más, ha de presentarlo a sus alumnos como lo que es: un gran tesoro que han de descubrir y que está a su alcance. Desde luego hay muchos tipos de silencio y todos no transmiten lo mismo. Por consiguiente, el valor del silencio no es siempre el mismo, sino que varía según lo que ofrece en cada circunstancia.

Estamos acostumbrados a vivir rodeados de infinidad de ruidos (sonidos no deseados, incluso desagradables), en particular las personas que vivimos en grandes ciudades: bocinazos, frenados de coches, voces, gritos, ruidos de máquinas diversas (el aire acondicionado, la nevera, el ventilador), una puerta que chirría, un grifo que gotea, un radiador que burbujea o tintinea, las alertas y notificaciones del móvil, etc. Todos esos ruidos –exteriores, digitales y también los interiores– en mayor o menor medida perturban nuestra atención y concentración y por supuesto condicionan nuestra vida. El profesor no puede ignorar –ni en su vida personal ni en su quehacer profesional– esta realidad. En definitiva, el silencio no es una cuestión baladí para el profesor, sino todo lo contrario. Por lo tanto, nos parece que el silencio ha de estar presente en un libro dirigido principalmente al profesorado.

Hemos organizado este artículo en tres apartados y una breve conclusión. En el primer apartado nos referimos a qué es el silencio, en qué consiste; curiosamente el silencio no es lo mismo para todos, es decir, la visión o imagen que se tiene de él difiere mucho de unos a otros. En el segundo, aspiramos a contestar la pregunta ¿para qué el silencio?, esto es, ¿qué nos ofrece? Y finalmente, en el tercer apartado, abordamos un estilo de docencia que cuenta con el silencio del profesor en la clase. Cerramos el artículo con una breve conclusión.

Qué es el silencio

Para muchos el silencio es meramente *ausencia* de ruido, de ruido externo que a veces actúa como si fuera una coraza que tapa heridas del alma, la soledad no buena o el sufrimiento; por eso el silencio puede causar miedo, pues permite que esos males afloren en la persona incluso a veces intempestiva y crudamente. Para otras personas la palabra *ruido* es sinónimo de diversión, mientras que el término *silencio* lo es de aburrimiento, estar enfadado, herido o triste, que son situaciones incómodas y rechazables de las que uno quiere huir. También hay personas para quienes el sonido exterior –por ejemplo, la música– es un *acompañante habitual deseado* en muchas de las actividades que realizan ordinariamente (hacer deporte, estudiar, cocinar, etc.), en esos casos y a esas personas el silencio les priva de una compañía deseada.

Pero el silencio no es ausencia, pues permite alcanzar un espacio de quietud que nos permite conocer la sinfonía de nuestro interior físico –por ejemplo, el ritmo cardíaco, o el de la respiración–, que son sonidos que solo se perciben si estamos en silencio. De igual manera, el silencio nos permite advertir sonidos del exterior –por ejemplo, el piar de los pájaros, el soplido del viento, el ruido del oleaje del mar–. En definitiva, el silencio nos permite tomar conciencia de sonidos interiores y exteriores (Goldman, 1996), esto es, del interior de nuestro cuerpo y del mundo material que nos rodea. Por así decir, el silencio evidencia la existencia de dos mundos diferentes. En este sentido, el silencio "no [es] una ausencia sino una presencia, no vacío sino plenitud" (Iyer, 1993).

¿Cuánto vale el silencio? "El silencio vale tanto como lo que saquemos de él" (Iyer, 1993). ¿Sabemos todo lo que el silencio puede ofrecernos?

En este artículo queremos destacar el alto valor del silencio, por lo que merece la pena ponerle toda nuestra atención y empeño personal por alcanzarlo. El silencio es un recurso al alcance de todos.

Qué nos ofrece el silencio

Podemos hablar de silencio exterior y de silencio interior. El silencio nos ofrece sustituir las palabras en un momento determinado, por ejemplo, en un momento de frustración o de dolor; nos ofrece también complementar palabras con gestos o miradas; nos ofrece, además, poder expresar aquello a lo que la palabra no llega: «*no tengo palabras para expresar lo que siento*», decimos con frecuencia. Pero, sobre todo, el silencio ofrece un espacio de quietud, esto es, de calma, serenidad y sosiego, que nos permite escuchar y reflexionar, poner atención en lo que estamos haciendo, es decir, un espacio que invita a la persona a desarrollar tres capacidades clave en la propia vida: la capacidad de hablar consigo mismo, con la naturaleza y con Dios. En este sentido, podemos decir que el silencio es comunicativo.

En el silencio uno puede pensar, preguntarse y contestarse como dueño y protagonista de su propia vida: qué hago, por qué lo hago y para qué lo hago. El silencio abre la puerta de la interioridad de la persona para clarificar, ordenar y orientar anhelos, inquietudes y pensamientos propios y así convertirse en quien realmente dirige la marcha de su propia vida. Ese es el inmenso valor del silencio: su capacidad de convertir a uno en señor de su propia libertad interior impidiendo que otros se la roben.

Está claro que el silencio exterior da paso al silencio interior, que es el que más importa. Uno de los primeros efectos negativos del ruido es la falta de concentración en lo que uno está haciendo, lo que indefectiblemente tiene una repercusión negativa en la actividad que esté realizando (profesional, social o del tipo que sea). Se trata de buscar conscientemente el silencio exterior –que nada tiene que ver con el aislamiento– para beneficiarnos del silencio interior. ¿Cómo? Sugerimos tres maneras: en primer lugar, saber encontrar tiempos de silencio

–aunque solo sean breves pausas– a lo largo del día, al menos dos, uno por la mañana y otro por la tarde; en segundo lugar, tener un ratito diario de escritura personal; y, en tercer lugar, aprender a desconectarse de los dispositivos electrónicos digitales a lo largo de la jornada las veces que sea necesario para así evitar sucesivas interrupciones, que debilitan nuestra atención haciéndonos pasar de una cosa a otra, hasta desordenarnos primero por fuera y después por dentro. Sin lugar a dudas, el silencio permite que uno se pare y enriquezca su interioridad.

El silencio del profesor en el aula. Dar la clase con la boca cerrada

Como bien sabemos todos los profesores, las aulas son reflejo de la sociedad y en nuestra sociedad apenas hay lugar para el silencio. De hecho, los profesores reclamamos continuamente el silencio en el aula, silencio para escuchar las palabras del profesor y para escuchar las palabras de los alumnos. No obstante, "a un buen maestro –escribe Ángel Luis Aritmendi (2019)– le debería preocupar tanto como la palabra, los silencios que las envuelven", pues debemos aprender a oír el silencio. "Donde no cunde el silencio, todo se torna efímero y precario" (Aritmendi, 2019). ¿Se puede escuchar el silencio? A nosotros nos parece que sí, si hay atención y un poco de paciencia por parte de quien escucha. ¡Se trata de escuchar sin mediar palabra alguna! ¿Qué es lo que se escucha? Ganas de aprender, contento, dolor del alma, disgusto o decepción, hartazgo, miedo, timidez que tanto hace sufrir a muchos jóvenes, etc.

"La buena docencia –escribió Don Finkel (2008, p. 42)–, es crear aquellas circunstancias que conducen al aprendizaje relevante en terceras personas". Finkel está convencido de que narrar es ineficaz para enseñar las cosas que nos parecen más importantes y que narrar ocupa el primer lugar de la lista de las cosas que hacemos los profesores con nuestro tiempo. En su libro *Dar clase con la boca cerrada*, Don Finkel pone en cuestión el dar clase *narrando* y sugiere dar paso al silencio del profesor en el aula ofreciendo al lector un enfoque de enseñanza alternativa comprensible.

Finkel explora explícitamente la frase «dar clase con la boca cerrada»: un nuevo estilo de docencia que cuenta con el silencio del profesor en la clase –que no es pasividad del profesor– y sugiere diversas maneras de ponerlo en práctica. Citamos a continuación tres de ellas que son quizá las que más nos han llamado la atención: 1) «Dejar que hablen los libros»: "dejando que los estudiantes se enfrenten directamente con el libro (...), los profesores no necesitan colocarse entre sus estudiantes y el libro. Pueden permanecer a un lado y confiar en que el libro despierte las mentes de sus estudiantes. A mejor libro, más puede el profesor mantener su boca cerrada" (Finkel, 2008, p. 55). Por supuesto –advierte Finkel– es clave que el profesor elija el libro adecuado y lo haya leído recientemente, no basta haberlo leído hace años; 2) «Dejar que hablen los estudiantes»: "lo que es importante para los estudiantes –destaca Finkel– es de lo que hablarán con sus amigos. La charla informal fuera de la clase es un indicador de que algo útil está ocurriendo. Además, es una forma de extender el aprendizaje que ha comenzado en la clase" (2008, p. 100); y 3) «Hablar con la boca cerrada: el arte de escribir»: Finkel se refiere tanto a la escritura del profesor como a la de los estudiantes. Para este autor, "la escritura de un profesor puede convertirse en un poderoso instrumento de enseñanza" (2008, p. 131).

Ni que decir tiene que enseñar del modo que propone Finkel en ningún caso exige menor cantidad de tiempo de preparación por parte del profesor. Vale la pena subrayar que la aportación que Finkel hace a la docencia, además de ser una alabanza al silencio del profesor en la clase, es un excelente instrumento para la reflexión del profesor.

A modo de conclusión

El silencio no es ausencia, es presencia y plenitud. Hay silencios que comunican más que las palabras y hay silencios en la clase que favorecen la buena docencia. Pero sobre todo el silencio es reflexión, un recurso –al alcance de todos– con capacidad de clarificar y ordenar *por dentro* a la persona. Se trata de buscar el silencio exterior –incluido el digital–

para alcanzar el silencio interior y en este gozar de su inmenso valor: ganar en *libertad interior* y llevar libre y gustosamente el timón de la propia vida. Tener una vida plena.

4

Qué cambios necesita la escuela hoy

Una educación transformadora

La buena marcha y efectividad de un centro educativo depende de unos recursos humanos (profesores, directivos del centro académico, alumnos, familias) y de unos recursos materiales (una ley educativa, un plan de estudios, una normativa escolar, unos artefactos tecnológicos, unas metodologías, una biblioteca, unas determinadas infraestructuras como son las aulas, los laboratorios, el comedor escolar, los campos deportivos, etc.). La relación entre ambos tipos de recursos no es una cuestión baladí.

Todos conocemos el caso frecuente en el que dos profesores de un mismo centro educativo, es decir, dos profesionales de la educación con los mismos compañeros de trabajo, los mismos directivos del centro escolar, los mismos alumnos, los mismos recursos materiales, y uno de los dos es un gran profesor, esto es, domina la materia que imparte, es muy bueno a la hora de explicarla, analizarla y discutirla, es un gran comunicador, quiere a sus alumnos, disfruta en el aula y los alumnos aprenden y le quieren. En cambio, el otro profesor carece –total o parcialmente– de los atributos del buen profesor que acabamos de citar y los alumnos se aburren en sus clases y no aprenden con todo lo lamentable y negativo que esto supone. Esto nos hace pensar que, si estamos convencidos de que la escuela necesita un cambio, la atención principalmente ha de ponerse en las personas –una a una, es decir, a nivel personal– más que en los recursos materiales como suele hacerse frecuentemente.

De hecho, las personas (los profesores) son quienes con su quehacer profesional convierten los recursos materiales escolares –como, por ejemplo, una plataforma digital, un laboratorio o un libro de texto– en recursos provechosos. Lo que queremos decir es que los protagonistas de cualquier cambio en la escuela de hoy son –¡han de ser!– las personas y en particular el profesorado tanto a nivel personal como a nivel colectivo profesional. No hacerlo va en detrimento del sentido del trabajo del docente.

Los adultos del mañana se forjan en las aulas de las escuelas mediante el trabajo profesional de los profesores (profesionales de la educación) en colaboración con los padres de los alumnos (primeros educadores de sus hijos), y mediante la interacción de los educandos con la sociedad en la que están inmersos. Nosotros apostamos por una educación transformadora enfocada en el crecimiento de las personas (educandos y educadores), que requiere del profesorado la capacidad de hacer frente a grandes desafíos como son la competencia profesional, el empoderamiento del profesor, el compromiso y la implicación docentes, la efectiva gestión de los recursos materiales.

Qué es una educación transformadora

Una educación transformadora vive en el presente, pero con una mirada serena del profesor puesta en el futuro de sus alumnos. En esa mirada el profesor ve a sus jóvenes alumnos de hoy transformados en adultos del mañana y los ve como ciudadanos competentes a nivel profesional, reflexivos, con pensamiento crítico, capaces de pensar por su cuenta y preparados para tomar buenas decisiones; ciudadanos creativos, responsables y solidarios, es decir, ciudadanos a los que, en su vida, los demás (familia, amigos, colegas profesionales, conocidos y desconocidos) ocupan un lugar muy importante, y en consecuencia también lo ocupa el planeta en el que habitamos. En definitiva, se trata de una educación con unos objetivos enfocados al crecimiento humano de las personas, que cuenta con aprendizajes de conocimientos y de valores. Una educación transformadora es una educación radicalmente opuesta a una educación repetitiva, monótona, rígida, que simplemente pretende transmitir contenidos, y no hacer crecer a los alumnos y profesores.

Según el *Diccionario de la lengua española*, transformar significa "hacer mudar de porte o de costumbres a alguien". Lo trasladamos al contexto de la educación. El *porte* de una persona tiene que ver con su exterioridad y las *costumbres* con sus hábitos. Por lo tanto, pensamos que el *porte* y los *hábitos* son educables. Por otra parte, se trata de un "hacer" que siempre ha de contar con la libertad del educando y que significa desarrollar facultades intelectuales y morales del alumno, facultades propias del ser humano, es decir, que le caracterizan como lo que realmente es.

La educación transformadora va mucho más allá de unos contenidos curriculares establecidos, unas metodologías definidas y unos medios tecnológicos de última generación. Se trata de un proceso profundo de enseñanza y aprendizaje de conocimientos y valores humanos, orientado al crecimiento humano de la persona. Un proceso que transforma aprendizajes en competencias humanas, sociales y profesionales. El inmenso influjo transformador que los docentes pueden tener en sus educandos, no acaba en los alumnos, sino que además trasciende a sus familias y en consecuencia a la sociedad de hoy y a la sociedad del futuro. Por eso se trata de un proceso de suma importancia, pues en última instancia tiene que ver con la *construcción* de la sociedad del futuro. Los adultos del mañana dependen de la educación de hoy.

La sociedad actual está altamente digitalizada. La educación, como parte integrante de ella, también lo está. De hecho, las escuelas están muy vinculadas a la tecnología y la informática. No obstante, la relación educativa (educador-educando) es una *relación humana* singular, que cuenta imprescindiblemente con un diálogo interpersonal presencial: el *diálogo educativo*. El *diálogo educativo* es personal, confiado, afectuoso y en libertad. En esta relación el profesor no es un mero gestor ni un simple transmisor de información o de conocimientos teóricos como puede serlo una enciclopedia digital. Por su parte, los profesores son profesionales de la educación; su trabajo educativo nunca puede estar al margen de la importantísima tarea educadora de los padres de los alumnos, pues como hemos dicho más arriba los padres son los primeros educadores de sus hijos y su influencia en ellos (los hijos) es decisiva. A su vez, los profesores son los primeros ciudadanos –no los únicos– que padecen los sucesivos y continuos cambios legislativos en relación a la educación, cambios que hasta hoy no han contado –o apenas han contado– con el parecer del profesorado, que es el parecer de los profesionales de la educación.

En resumidas cuentas, estas tres situaciones presentes en la sociedad actual: 1) La desvalorización del *diálogo educativo*, personal y presencial; 2) La ausencia o poca presencia de los padres en la escuela; y 3) La muy escasa participación de los profesores en la elaboración de las leyes educativas, son tres ejemplos –entre otros– que ponen de manifiesto que el trabajo profesional del profesor requiere de cada docente la capacidad de hacer frente a grandes desafíos para lograr una educación transformadora orientada al crecimiento humano del estudiante. Hacer frente a estos desafíos está relacionado con la naturaleza propia de la profesión docente, es decir, con lo que fundamentalmente es su actividad profesional: un trabajo intelectual.

Cómo lograr una educación transformadora

"La educación otorga a cada individuo las llaves del mundo exterior y de sus propias capacidades, por eso el resultado del trabajo de un buen docente es [puede ser] tan transformador" (Guaita, 2019). Se trata de transformar una información, unos conocimientos, un modo de hacer o de ser –transmitidos por el profesor– en un modo de ser, de trabajar, de vivir de los alumnos.

Como hemos dicho, la profesión docente es un trabajo intelectual, es decir, los profesores somos intelectuales y por lo tanto las tareas propias del trabajo intelectual –leer, estudiar, reflexionar y escribir– han de estar presentes en nuestra actividad profesional. En este sentido, la formación o preparación del profesorado necesariamente ha de contar con ello. No basta centrarse en los contenidos curriculares de las diferentes disciplinas (química, historia, matemáticas, física, filosofía, etc.) ni basta centrarse en las diferentes metodologías existentes ni en tener un dominio de los recursos digitales más modernos y eficaces.

Lo que queremos decir es que la profesión docente tiene dos componentes básicos: uno que tiene que ver con conocer y estudiar, es decir, con el *saber* acumulado del profesor (trabajo intelectual), y otro que tiene que ver con *comunicar* (lenguaje educativo) y con *amar* al primer destinatario de ese *saber* que es el alumno (para educar es imprescindible querer al educando). Ser un buen docente significa vivir un compromiso con esta verdad esencial de la profesión docente (*saber, comunicar* y *amar*). Vivir este compromiso capacita y empodera al profesorado para hacer frente a los desafíos que la sociedad de hoy le presenta para lograr una educación transformadora. Pensamos que esta es la mejor vía o herramienta educativa para impulsar los cambios que la escuela de hoy necesita de manera apremiante.

A modo de conclusión

Vivimos en un mundo cambiante, informatizado y digitalizado en el que la productividad y la rentabilización son valores supremos. La familia, la escuela y la sociedad son tres ámbitos educativos de este mundo, que no siempre coinciden en sus fines educativos (Guaita, 2019). La escuela pide cambios profundos. Cambios que hacen pensar en una educación que parte de un *trabajo docente transformador.*

La educación transformadora tiene su punto de mira en el crecimiento humano de la persona, en el desarrollo de las facultades intelectuales y morales del alumno; y se apoya en el sentido más profundo del trabajo docente (*saber, comunicar* y *amar*). El compromiso del profesor con esta verdad esencial, le capacita y le empodera para hacer frente a los desafíos que la sociedad actual le presenta para lograr una educación transformadora. Los adultos del futuro dependen de la educación del presente.

El liderazgo en la dirección y el estilo de gobierno

La buena marcha y la excelencia de las organizaciones tanto en lo económico como en lo social y lo ambiental, dependen básica y fundamentalmente del estilo de gobierno establecido en cada una de ellas. La calidad y el sentido del trabajo, el logro de objetivos, la gestión de personas, el ambiente laboral, la estabilidad económica, la sostenibilidad ambiental, el impacto ético de su actuar, por poner algunos ejemplos, son cuestiones que una buena organización o empresa aborda y tiene muy en cuenta en su día a día a través de su estilo de gobierno. En este sentido, los centros educativos –colegios, institutos, universidades– no son una excepción.

Hay muchos tipos y estilos de gobierno instaurados en las diferentes organizaciones o empresas. Lógicamente lo mismo ocurre en los múltiples y diversos centros educativos. De ordinario, todos ellos tienen una cabeza visible –un líder– que es la directora o el director, que en última instancia es la persona responsable de la dirección de un determinado proyecto, esto es, de la consecución de unos objetivos determinados y la organización de un equipo humano para el alcance y logro de los objetivos. Quien dirige un centro educativo es la persona que realmente más define la «esencia» o el alma de una escuela, un instituto, una universidad o de cualquier otra organización educativa, al margen de su titularidad (pública, privada, privada concertada), del tipo de gobierno (colegiado, unipersonal, o mixto) y de su estilo (autoritario, participativo, conservador, innovador, etc.), aunque estas tres características de un centro educativo (titularidad, tipo de gobierno y estilo de gobierno) estén expresados en el Proyecto Educativo de Centro, en su Ideario y en sus discursos.

El objetivo de este artículo no es abordar los órganos de gobierno de un colegio (el Consejo de Dirección que asiste al director o la directora en las responsabilidades y gestiones de gobierno de la escuela, el Consejo Escolar, el Claustro de Profesores, las Jefaturas de Estudios, etc.) ni tampoco los propios de una universidad (la Junta de Gobierno que asiste al rector o la rectora, el Consejo Universitario, los Consejos de Facultad,

Decanatos, etc.), sino que es ahondar en dos estilos de gobierno, excluyentes entre sí, que pueden estar presentes (de manera generalizada o parcial) en los diferentes órganos de gobierno de un centro educativo y son decisivos para su buen funcionamiento. Nos referimos al estilo autoritario y al estilo participativo, ambos presentes en las escuelas.

Los estilos de gobierno en las escuelas, las características y el papel del buen líder, el liderazgo del director, la implicación de los padres y los profesores en la dirección de un centro escolar, el amiguismo y sus consecuencias, son cuestiones que abordamos a continuación.

Estilos de gobierno en las escuelas

La variedad de tipos o sistemas de gobierno (colegiado, unipersonal o mixto) y los estilos de gobierno (autoritario, participativo) en las escuelas no es pequeña y tiene sus consecuencias educativas y de bienestar tanto a nivel de los alumnos y sus padres como del profesorado. En particular centramos ahora nuestra atención en los estilos de gobierno autoritario y participativo en las escuelas.

El estilo autoritario se caracteriza de ordinario por la presencia de un líder (a veces por un pequeño grupo de personas) que ejerce su potestad –que no es autoridad– de manera total y exclusiva, sin autonomía apreciable para los mandos intermedios; con la pretensión de tener un control absoluto de todas las actividades del centro escolar; y sin admitir pluralismo alguno en la organización o entidad, es decir, no contempla los puntos de vista de terceros ni cuenta con ellos.

La potestad nada tiene que ver con la autoridad. Es más, son dos conceptos contrapuestos que a veces se confunden. La potestad manda, ordena, impone, es decir, su lenguaje habitual es la orden, el mandato o la imposición. La persona autoritaria obliga y exige en lugar de exponer o proponer. No escucha ni dialoga. No admite el pluralismo. Carece de interés para cambiar y así mejorar. La potestad que tiene y ejerce no se la ha ganado, sino que le ha llegado sin mérito personal alguno, por ejemplo, por una ley o simplemente por el puesto que ocupa en la organización escolar, es decir, la potestad que tiene está al margen de su competencia profesional, su formación, su estudio, su modo de trabajar, sus actitudes y su comportamiento dentro y fuera de la escuela. En una relación autoritaria no cabe la confianza ni el diálogo y se recurre continuamente a la sanción o la amenaza.

Por el contrario, la autoridad aconseja, informa, opina, es decir, su lenguaje habitual es el consejo, la información o la opinión. La autoridad excluye cualquier sometimiento, pues está basada en la confianza. La persona con autoridad propone y expone. Escucha y dialoga. Ama el pluralismo. Está dispuesta a aprender y a cambiar para mejorar. La autoridad de un director, de un profesor, o de cualquier otro profesional de un centro escolar es fruto de su estudio, su esfuerzo, su trabajo personal, sus actitudes y su comportamiento dentro y fuera de la escuela. Es decir, la autoridad de la que goza no le viene dada por nadie ni por nada, pues la autoridad no se recibe, se la tiene que ganar uno mismo.

Ni que decir tiene lo radicalmente diferente que es el clima de trabajo –y sus consecuencias– en un centro educativo con un estilo de gobierno autoritario (basado en el poder) o uno participativo (basado en la confianza y el talento). Algunas de esas consecuencias o repercusiones se evidencian en los resultados educativos (que no siempre coinciden con los académicos), en el bienestar de los miembros de la comunidad escolar (padres, profesores y alumnos) y sus relaciones interpersonales, en la gestión de empleados (profesores y personal de servicios) y en la implicación de las familias y del profesorado en la marcha diaria del centro escolar. En definitiva, el amor y el respeto a la libertad de la persona, propios del estilo de gobierno participativo, repercuten favorable, profunda y decisivamente en el *buen* desarrollo y en la *excelencia* de una organización educativa; que es lo contrario a lo que lamentablemente suele suceder en un espacio de trabajo autoritario.

Somos muchos quienes estamos convencidos de que los padres deberían estar más implicados en las escuelas. Como todos sabemos, los primeros educadores de los hijos son sus padres; luego, los profesores con nuestro trabajo profesional colaboramos en esa tarea tan importante y principal de los padres. En este sentido, la *participación* como elemento esencial en el gobierno de un centro escolar, permite dar paso de modo natural a una colaboración entre la familia y la escuela, que facilita una educación compartida decisiva para que la escuela alcance sus objetivos educativos. Es decir, como ha escrito Juan Irarrázabal citando a John Dewey –considerado «el pedagogo más representativo de la pedagogía progresista en Estados Unidos durante la primera mitad del siglo XX»–, se trata de una colaboración que convierte a la escuela en «una extensión de la vida familiar» (Irarrázabal, 2018, p. 104). Para Dewey, escribe Irarrázabal (2018, pp. 221 y 225), la familia es la "más importante *escuela de humanidad*" y la escuela es "una institución complementaria, de suma importancia". No ahondamos más ahora sobre esta cuestión, porque el siguiente artículo de este libro lo dedicamos explícitamente a la participación de los padres y las madres en la escuela.

Por otra parte, la calidad de un centro educativo tiene como techo la calidad del profesorado. La competencia profesional de los profesores y sus actitudes son determinantes para la excelencia de un centro académico y en consecuencia para la mejora de los alumnos. En este sentido, la implicación del profesorado en la dirección del centro educativo es decisiva. El profesor implicado libre y gozosamente interacciona con los alumnos, con otros profesores y con quienes dirigen el centro escolar; se involucra activamente en la toma de decisiones del equipo directivo y participa activamente en el desarrollo de la cultura de la colaboración. Ciertamente «todo lo sabemos entre todos». Un punto de vista de quien dirige la escuela, de un profesor, de un alumno, o de quien sea, es únicamente *un punto* de vista, por lo tanto, es una mirada parcial de un todo. La colaboración amplía miradas, enriquece y facilita el logro de objetivos.

En definitiva, la implicación de las familias y del profesorado en el proyecto educativo de una institución escolar, es un valor o cualidad que revierte de manera directa en la institución en su totalidad; dicho con otras palabras, es un elemento altamente enriquecedor para todos, tanto a nivel personal como a nivel colectivo institucional.

El liderazgo del director

Un director o una directora de una escuela puede ser un líder o puede ser meramente un jefe. Entendemos que "líder" y "jefe" son dos conceptos diferentes. El director de una escuela es un líder si es un directivo con autoridad y con potestad y es un jefe si es un directivo con poder, pero sin autoridad.

Un buen líder *sabe* –en el sentido más amplio de la palabra– de lo que habla y enseña, de aquello sobre lo que se pronuncia o aconseja, vive *la exigencia* en primera persona del singular antes que requerirla a los demás, y es amable y afectuoso con todos. Dicho con otras palabras, un director que es un buen líder es altamente competente, es coherente (lo que dice, lo que hace y lo que piensa coinciden), su ejemplo es incuestionable, quiere y respeta a las personas. Un buen líder es una persona con autoridad, no necesita protegerse en la potestad (que es la *fuerza*: una ley, un reglamento, un poder), aunque la tenga de pleno derecho.

El amiguismo o nepotismo es «la tendencia y práctica de favorecer a los amigos en perjuicio de otras personas, en especial por lo que se refiere al trabajo». El amiguismo otorga un puesto de trabajo o un cargo de gobierno a un amigo sin importar si el amigo elegido está o no cualificado para ocupar ese puesto o cargo. El amiguismo sustituye, sin más, el mérito y la competencia profesional de una persona por una recomendación o un favoritismo. El liderazgo del director es del todo incompatible con el amiguismo, tanto si ese modo de proceder ha sido la vía por la que él posee el cargo de director como si lo practica con terceros desde su puesto de director. El amiguismo en la dirección de las organizaciones educativas es altamente dañino tanto para sus resultados educativos como para sus trabajadores o empleados; de hecho, hace que estos se sientan profundamente decepcionados y poco valorados.

Ni que decir tiene la gran responsabilidad que tienen las personas que en una organización educativa hacen la selección y elección de personas para ocupar un puesto directivo y promueven su nombramiento como tal, por ejemplo, el puesto de director de un colegio, de un departamento, etc. Nos referimos a personas que forman parte del Consejo de

Administración, Patronato, Junta de Gobierno, mandos intermedios, o de cualquier otro órgano de gobierno de una organización educativa, estructura a la que la sociedad le ha confiado una tarea importantísima: la educación de los adultos del mañana. La responsabilidad es muy grande.

Una breve conclusión

Las organizaciones escolares basadas más en el *poder* que en el *talento* –es decir, con un estilo de gobierno autoritario–, ignoran en su gestión la libertad de la persona, la excluyen en sus acciones y en su toma de decisiones, lo que inevitablemente repercute de manera negativa en la comunidad escolar (padres, profesores y alumnos). Una educación sin libertad –es decir, autoritaria– es un sinsentido pues niega un don esencial de la persona, el que más le caracteriza como tal. La libertad es genuinamente inseparable de la condición de ser persona humana. Por el contrario, los centros educativos con un estilo de gobierno participativo, caracterizado por el amor y el respeto a la libertad, permiten educar a la persona de acuerdo a su naturaleza humana y hacerlo en un clima de confianza y amabilidad. La participación es un elemento altamente enriquecedor en toda organización. Vale la pena integrarla en ella.

Los padres, las madres y la escuela

La complejidad de la sociedad actual lamentablemente favorece que haya padres y madres que –quizás agobiados o desorientados en relación a cómo educar a sus hijos– deleguen sus responsabilidades educativas en la escuela. De hecho, la relación familia-escuela es escasa. Sin embargo, educar a los alumnos sin la participación de sus padres es muy difícil por no decir que es imposible. En esa tarea tan importante, con una repercusión enorme para todos, es imprescindible que lo que se enseña en la escuela sea coherente con lo que se enseña en la familia. Esa unidad es vital para educar.

Somos muchos los que estamos convencidos de que los padres deberían estar más integrados en la escuela de sus hijos y que apremia encontrar fórmulas para conseguir una mayor participación y colaboración en aras a lograr una mayor implicación y una efectiva unidad. Indiscutiblemente la influencia de la familia en la educación de sus hijos es mucho mayor que la de cualquier otro entorno en el que los jóvenes puedan también moverse.

John Dewey, considerado «el pedagogo más representativo de la pedagogía progresista en Estados Unidos durante la primera mitad del siglo XX», concibió la escuela como «una extensión de la vida familiar». Para Dewey, incuestionablemente los padres son los primeros educadores de sus hijos. Nosotros, los profesores, les ayudamos en esa tarea importantísima que tienen entre manos. En este sentido, el pensamiento deweyano habla de *la estrecha relación* entre la educación y la familia.

Los padres y las madres quieren saber –¡y deben saber!– qué hacen sus hijos en la escuela, cuál es su rendimiento académico, cómo se comportan y cómo se relacionan con sus profesores, con los otros alumnos del colegio y con las demás personas que forman también parte de la comunidad escolar. Necesitan conocer la vida de sus hijos en la escuela, fuera del hogar, para realmente poder darles una educación realmente integral, es decir, que abarque todos los ámbitos de la persona. Por lo tanto, los profesores han de mantener informados a los padres de sus alumnos y así poder coordinar con ellos actuaciones educativas acertadas.

No obstante, al hablar de una mayor integración de los padres en la escuela, no nos estamos refiriendo –que también– únicamente a las entrevistas personalizadas concertadas por el tutor o por los padres, para hablar en particular del propio hijo que a la vez es también alumno. Estamos pensando, además, en una participación *más amplia, efectiva y real* de los padres en la marcha general del centro educativo. Es decir, una colaboración que vaya más allá del propio hijo. Hablar de participación real es hablar de *poder de decisión* en los aspectos tratados comunitariamente.

Juan Irarrázabal en su interesante libro *La escuela y los padres en la filosofía de la educación de John Dewey* (2018), cuenta cómo para Dewey desde el inicio de su Escuela Experimental en la Universidad de Chicago, la colaboración de los padres fue efectiva y la participación que los padres tuvieron fue decisiva para que consideraran la escuela de sus hijos como "un proyecto verdaderamente propio". La Asociación de Padres en la escuela Dewey –con sus objetivos y modos de funcionamiento– fue una realidad. Su principal valor, destaca, era la formación de los padres.

Las entrevistas personales con los padres de los alumnos

Una de las tareas más importantes de los profesores es la de lograr la unidad que debe caracterizar la relación entre los padres y la escuela. Una vía para ello es *atender cuidadosamente* las entrevistas personalizadas padres-tutor o preceptor, que se efectúan en la escuela. Nos referimos a encuentros periódicos en los que el diálogo –centrado en el educando en particular– permite un franco intercambio de pareceres. Se trata de encuentros necesariamente enfocados al desarrollo integral del hijo-alumno.

Para que esas entrevistas sean realmente fructíferas, es clave que se apoyen: 1) en la observación atenta del preceptor en relación a la vida del alumno en la escuela (rendimiento académico comportamiento, actitudes, disposiciones, relaciones interpersonales entre los miembros de la comunidad escolar, dificultades en sus aprendizajes, etc.); 2) en el intercambio –previo a la reunión– de información con el claustro de profesores del curso del alumno; y 3) en la decisiva información que los padres aporten en la reunión. Aunque sea obvio, no podemos olvidar que el educando es una sola persona. En este sentido, se trata de conseguir el dibujo completo del joven. Su vida en la escuela, su vida en el hogar, su vida en el tiempo libre, etc. El hecho de compartir mutuamente –padres y profesores– el conocimiento que tienen por separado sobre el hijo-alumno, es clave a la hora de organizar una educación conjunta.

La relación padres-profesores necesariamente ha de ser una relación de confianza y libertad, de cordialidad y de apoyo mutuo, en la que los puntos de unión –criterios, valores, principios, objetivos educativos– superen con creces las posibles desavenencias o discrepancias que puedan surgir. El profesor, como profesional de la educación, ha de velar por esa *unidad*. En este sentido, la formación de los padres es decisiva.

Generar una vida comunitaria

Como escribe Juan Irarrázabal, "además de atender a la importancia de los encuentros personales entre los padres y los profesores, es recomendable que en el ámbito de la escuela se busque generar una vida comunitaria más amplia, con actividades que promuevan los vínculos personales entre los profesores y los padres, así como entre los mismos padres de las familias del centro".

Si realmente queremos que la participación de las familias en los centros escolares sea una realidad, los docentes tenemos que saber escuchar y considerar todas las ideas, inquietudes y aportaciones de los padres. Para ello, es básico ser flexibles, respetar la libertad y tener una sana actitud de autocrítica. Una reunión de padres no puede reducirse a un dictado de órdenes e instrucciones a seguir sin dar cabida a expresar un parecer, una discrepancia, o un sencillo, pero necesario *feedback*. La integración de los padres en la escuela en buena parte depende de una fluida y frecuente comunicación. Hay que encontrar vías de comunicación eficientes y cómodas para todos. Se trata de una integración que sea una implicación en las decisiones y en la vida del colegio o instituto.

Un trabajo de ese estilo requiere una dedicación y una planificación. En definitiva, un tiempo. Y quizá salir de un cómodo estado de confort.

En este sentido, merece la pena considerar que implicarse en un proyecto de integración de los padres en la marcha de la escuela en modo alguno es *perder el tiempo,* sino todo lo contrario, es potenciar que la escuela se convierta realmente en «una extensión de la vida familiar», trabajando conjuntamente padres y profesores.

Se trata pues de fomentar la participación de las familias en la escuela, de aumentar el sentimiento de pertenencia a una comunidad escolar concreta. La creatividad, sin lugar a dudas, hará falta al equipo directivo del centro escolar y al profesorado para diseñar y poner en marcha actividades en el aula, actos deportivos y culturales, conferencias y cursos con carácter formativo, y para activar una sólida *Asociación de Padres.* La colaboración sin consenso no es posible, tampoco lo es con rivalidades. Los docentes no podemos desentendernos del papel de los padres en la escuela de sus hijos. Hay que contar con todas las vías a nuestro alcance para lograr que realmente la escuela sea «una extensión de la vida familiar».

El *bullying* o acoso escolar

El elevado índice de fracaso y de abandono escolar, la falta de eficacia de las continuas reformas educativas en nuestro país, la poca participación de los padres en la escuela de sus hijos, la uniformidad aplicada en las aulas traducida en un no fomentar el pensamiento crítico, la creatividad y la curiosidad del alumnado, es decir, no enseñar a pensar por cuenta propia, son algunos de los problemas de fondo de la escuela de hoy que ponen de manifiesto la urgente necesidad de repensar esta institución social tan importante y con tanta trascendencia a nivel individual de la persona (padre, madre, alumno, profesor) y a nivel grupal (familia, escuela, sociedad).

Lógicamente estas carencias de fondo en la educación actual afectan negativamente a la comunidad escolar (padres, profesores y alumnos), es decir, se reflejan en unas determinadas conductas y maneras de proceder que surgen en la escuela y a las que necesariamente hay que poner atención. De hecho, pueden dar paso a problemas graves en la escuela y en su entorno. Uno de los problemas graves en la escuela de hoy es el acoso o *bullying*. "El acoso escolar, tal y como lo define la UNICEF es la conducta de persecución física o psicológica que un estudiante realiza contra otro de forma negativa, continua o intencionada" (Benéitez, 2022). Suele pasar inadvertido a los adultos, pues frecuentemente sucede a sus espaldas. Se da en aulas de todo el mundo y también a través de las redes sociales. Su dolorosa realidad requiere una toma de conciencia por parte de todos.

El *bullying* puede presentarse de diversas formas: físico, verbal, social, emocional, sexual, cibernético, etc. Se trata de un comportamiento –¡no puntual y sí persistente!– que suele llevar asociado agresiones verbales o físicas, difamación, creación de rumores denigrantes, burlas, nombrar a otros con apodos crueles, hurtos, extorsiones, exclusión social, etc. No obstante, el *bullying* físico "es el tipo de acoso más común, especialmente entre chicos. Implica un contacto físico entre los agresores y la víctima, y suele manifestarse en forma de golpes, empujones e incluso palizas de uno o varios agresores contra una sola víctima. En ocasiones se produce también el robo o daño intencionado de las pertenencias de la víctima" (Equipo de Expertos en Educación, 2020). A menudo no se trata de una acción violenta individual, sino grupal.

Detener y resolver una situación de acoso escolar reclama, por un lado, la atención conjunta de los padres y los profesores para *detectarlo* e identificarlo pues los menores, que son víctimas de esa persecución o amenaza, de ordinario no comparten su propio miedo, dolor y sufrimiento con los adultos que tienen cerca (padres, profesores u otros familiares); y por otro lado, reclama la colaboración familia-escuela para *combatirlo* y evitar que persista, sin descartar cuando sea necesario la intervención y la asistencia de especialistas terapéuticos tanto para las víctimas como para los agresores. En definitiva, *detectarlo* y *combatirlo* son las dos acciones clave para abordar este grave y complejo problema de consecuencias tan dolorosas y trágicas: daños psicológicos, conductas autodestructivas (intentos de suicidio y suicidios perpetrados). Por eso, el primer paso es que los profesores no miren para otro lado, sino que comprendan que los casos de *bullying* son un ámbito muy importante de su acción educativa.

Hablar de *bullying* escolar, no es hablar de episodios dolorosos pasajeros o puntuales entre niños o entre adolescentes que basta con dejarlos un poco en el olvido para que vayan resolviéndose por sí solos, sino que es algo muy diferente: es hablar de víctimas, de agresores, de violencia, de observadores o testigos pasivos del acoso, de instigadores de un trato vejatorio a terceros, de dolor y de sufrimiento, de la necesidad de que los adultos pongan su atención con implicación personal en esta dolorosa y complicada realidad escolar en busca –sin demora– de una solución efectiva. Es también hablar de denuncias a la policía y detenciones de menores acosadores. Por lo tanto, es muchísimo más que molestar a un compañero de clase y nada tiene que ver con ser un juego entre niños.

Cómo detectar el *bullying* escolar, qué motivos empujan a un agresor a actuar de ese modo, cuáles son sus consecuencias en las víctimas, el porqué del mutismo de las víctimas, qué pasa con el agresor que es siempre un maltratador, cómo frenarlo, cómo combatir este comportamiento agresivo y tan dañino de manera eficaz evitando que se perpetúe, cómo prevenirlo, son algunas de las cuestiones que tratamos a continuación.

Qué pasa con el maltratador

En los casos de acoso entre iguales encontramos la figura del agresor o maltratador. Es el primero en actuar en esos escenarios de violencia y de dolor. Hay diversos tipos de agresores: el que actúa directamente, es decir, el autor material de las agresiones; el que observa pasivamente los ataques violentos a terceros consintiéndolos sin hacer nada para frenarlos o evitarlos; y el que instiga a otros a tener una conducta violenta contra otro u otros escolares.

El perfil del agresor-maltratador es bien conocido: se trata de un niño o un adolescente que justifica su comportamiento violento, suele ser impulsivo, se muestra autosuficiente y mantiene una actitud positiva hacia la violencia. Carece por completo de empatía, pierde el control con facilidad y suele tener pocas habilidades sociales. En ocasiones los agresores a su vez son víctimas de violencia por parte de algún hermano o de sus propios padres (Sanitas, 2022), o han crecido en un hogar permisivo, sin normas y con dejación de responsabilidades por parte de sus primeros educadores: sus padres. "Muchas veces detrás de ese maltrato se encuentran prejuicios en torno al sexo, etnia, clase social, apariencia física, etc." (Ministerio de Educación, Gobierno de la República Guatemala, 2022). Otras veces se encuentra la insatisfacción personal del acosador, que es un sentimiento fastidioso o de disgusto que puede ser de origen muy diverso.

En cuanto a las estrategias contra el *bullying* escolar, llama la atención que la medida de cambiar a un alumno de grupo-clase o de centro escolar, de ordinario se aplica a la víctima y no al maltratador. Ni que decir tiene que un cambio de este tipo (de grupo-clase o de colegio o instituto) es duro para todo alumno, pues siempre supone una separación de sus amigos. En este sentido, cabe señalar que en el caso de que esta medida se aplique a la víctima, esta estrategia añade más dolor a su sufrimiento.

Un comportamiento agresivo-violento reiterativo de un escolar es un trastorno de conducta que puede ocasionar daños graves o muy graves a terceras personas, incluso a veces daños irreparables. Una conducta de este tipo de un menor no se corrige con un mero «no vamos a tolerar tu agresividad» u otras palabras de reprobación a su conducta. Corregir la conducta agresiva-violenta de un escolar maltratador necesita atención y gestión conjunta e inmediata por parte de sus padres y sus profesores, sin descartar en ningún momento el consejo, el apoyo y la ayuda de especialistas en esta cuestión. Es clave que los padres del agresor –aunque les cueste, les humille o les avergüence– reconozcan el problema conductual de su hijo, es decir, que no lo nieguen o banalicen, por ejemplo, con un «no hay para tanto» o algo parecido.

En resumidas cuentas, es del todo necesario que los padres del agresor-maltratador se impliquen seriamente y a fondo en el problema de su hijo para frenar con celeridad su conducta agresiva-violenta y enmendarla desde sus raíces. El maltratador necesita ayuda como la necesita la víctima.

Cómo prevenir el bullying escolar

Pensamos que la mejor prevención para el *bullying* escolar está en casa del escolar y en la misma escuela. La herramienta crucial es la educación, es decir, la formación que se imparte en ambos espacios, reforzada con el ejemplo de sus mayores que los escolares ven con sus propios ojos día tras día en ambos lugares; los hijos y los alumnos aprenden mucho más por lo que ven en sus padres y en sus profesores que por lo que estos les dicen. Se trata de educar en valores: en el respeto, en la tolerancia y en la aceptación de los demás con apertura a la diversidad. Dicho en otras palabras, el clima familiar y el clima escolar en que está inmerso el escolar es decisivo para prevenir el *bullying* entre iguales.

La segunda vía de prevención del *bullying* que presentamos es el saber detectar –tanto los padres como los profesores– cualquier señal de *bullying* por parte del alumno, por mínima que sea, por ejemplo, tristeza, no querer ir al colegio o al instituto, disminución del rendimiento escolar, presentar heridas o contusiones en su cuerpo sin explicación alguna por parte del niño o del adolescente, cambios alimenticios, aislamiento. Detectarlo pide al adulto atención –¡estar atento!–, favorecer y facilitar el diálogo con el alumno que da esas señales y empeñarse en desarrollar y practicar la empatía que requiere la tarea educadora.

Y, en tercer lugar, nos referimos a una vía de acción colaborativa familia-escuela, es decir, la colaboración mutua de los padres, los profesores, el equipo directivo del centro escolar y el asesoramiento y apoyo del equipo de psicólogos y psicopedagogos del colegio o instituto. En definitiva, la colaboración de un equipo de trabajo competente, completo y diverso.

Detectar una situación de *bullying* no es una tarea fácil. Los motivos de esta dificultad son de diversos tipos. Por un lado, la escasa o casi nula visibilidad de la agresión pues son comportamientos que suceden alejados de los adultos en el sentido de que escapan a su vista, por ejemplo, en los cambios de clase, en los baños, en los pasillos, en las entradas y salidas de la escuela, en el patio, etc. Por otro lado, el mutismo de la víctima originado por amenazas y miedos diversos, por ejemplo, la amenaza recibida del propio acosador para que guarde silencio de su grave conducta; el miedo a ser tachado de chivato y sus repercusiones; por no confiar suficientemente con sus padres para manejar la situación y teme que estos generen un problema en la escuela que le traiga consecuencias peores. Lo primero para el adulto (padres y profesores) ha de ser ganarse la confianza del niño o adolescente acosado para luego mostrarle que es su apoyo (Sánchez, 2020). Se trata de evitar una situación de *bullying* y cuando ya ha surgido impedir que se perpetúe.

A modo de conclusión

El *bullying* escolar está presente en aulas de todo el mundo desde siempre. Convierte la escuela en un lugar inseguro, de dolor y de sufrimiento, al menos para los alumnos acosados. Hay que repensar su prevención y su eliminación tanto desde un punto de vista educacional como terapéutico. Se trata de un trabajo que requiere una detección precoz y una acción conjunta a tres bandas: familia, escuela y terapeutas; es decir, un trabajo en colaboración de los padres de la víctima, los padres del agresor o agresores, los profesores, la dirección del centro escolar y los especialistas en trastornos de conducta en menores y sus efectos en terceros, es decir, psicólogos, psicopedagogos y psiquiatras.

Enseñar a pensar: ¿qué es el pensamiento crítico?

A los adolescentes y a los jóvenes de hoy les ha tocado vivir en una sociedad caracterizada por el ruido constante, las prisas y la impaciencia; una sociedad ansiosa de inmediatez en el logro de objetivos y la obtención de resultados; ávida de gratificación constante (y de *likes* en las redes sociales); con cierto rechazo al esfuerzo y al trabajo minucioso, detallista y silencioso. Y todo ello en un clima altamente digitalizado (alto consumo tecnológico) y de relativismo generalizado (cada uno tiene "su" verdad). Estas circunstancias no favorecen la reflexión personal, sino que más bien alejan a la persona de la práctica de pensar. Ni que decir tiene, por ejemplo, las repercusiones negativas que origina el *no pararse a pensar* cuando uno trata de tomar decisiones: por ejemplo, con frecuencia los jóvenes no se paran a pensar "el impacto que pueden tener sus decisiones en los demás o los efectos a largo plazo de esas decisiones" (Swart, 2013).

Enseñar a pensar es una tarea primordial en las aulas, en la familia y en todos los ámbitos educativos (bibliotecas, museos, centros recreativos culturales y deportivos, etc.). Se trata de convertir la capacidad de pensar en una actitud permanente: la *actitud de pensar*. En este sentido, enseñar a pensar es una tarea fundamental del profesor. Enseñar a pensar es posible como lo es enseñar lengua, historia, física o cualquier otra materia; es decir, es posible enseñar a pensar desde la materia que el profesor imparte en el aula. Como afirma David Reyero (2021), "solo pensamos a partir del conocimiento valioso y verdadero que primero hay que aprender". No se trata de enseñar a pensar para ser original o creativo o algo parecido a eso, sino para encaminar a los alumnos a la búsqueda de la verdad, esto es, a ir al fondo de las cuestiones para llegar a lo más sólido. El objetivo de enseñar a pensar a los estudiantes es enseñarles a ser buscadores de la verdad. Esta importantísima tarea del profesor conlleva también enseñar la actitud permanente de estar abierto a los demás y dispuesto a escuchar a todos –también a los antiguos a partir de sus textos–, a cuestionarse las propias opiniones y a cambiar. Este aprendizaje puede transformar a los jóvenes de hoy distraídos o dispersos –inmersos en un mundo ruidoso y apresurado– en adultos del mañana reflexivos, buscadores de la verdad, capaces de descubrir si una idea es o no valiosa, y capacitados para tomar buenas decisiones.

Por otra parte, el profesor Robert Swart –creador junto con Sandra Parks de la metodología *Aprendizaje basado en el pensamiento*– enseña que la labor del profesor ha de centrarse en desarrollar la capacidad de pensar de los alumnos en las situaciones cotidianas que se les presentan a los estudiantes en el aula y fuera de ella: al tomar decisiones, al hacer frente a problemas y dificultades, al escuchar los argumentos y las razones de los demás, al buscar nuevas ideas y soluciones distintas, al valorar la fiabilidad de una fuente de información. Enseñar a pensar ayuda a desenvolverse mejor en la vida (Swart, 2013).

El cultivo del pensamiento crítico

Enseñar a pensar a los alumnos es enseñarles a cultivar el pensamiento crítico, es decir, enseñarles a tener criterio en base a la verdad. ¿Cómo cultivar el pensamiento crítico?, ¿cuáles son las pedagogías más relevantes para alcanzar este objetivo? Se trata de una práctica docente en un clima social ruidoso, acelerado, centrado en los beneficios a corto plazo, en el que a menudo prima el factor económico, y se minusvalora y descuida la formación humanística (literatura, historia, filosofía, etc.) con la consecuente infravaloración de la comprensión de la *persona* y de la historia del mundo que las humanidades aportan. En la sociedad actual enseñar a cultivar el pensamiento crítico es realmente un gran desafío para el profesorado. Enseñar a pensar es enseñar a practicar la escucha atenta a los demás, la lectura sosegada, el estudio serio y profundo, la reconsideración y la reflexión profundas de lo escuchado, leído y estudiado, para así poder contrastar y cuestionarse el *saber* adquirido, con la mirada siempre puesta en la búsqueda de la verdad. “El aprendizaje del pensamiento crítico –afirma el profesor David Reyero (2021)– es una consecuencia del aprendizaje *en serio*; no es algo que pueda buscarse directamente; no puede enseñarse a ser crítico sin transmitir”.

En esta tarea tan importante el profesor ha de respetar lo que sabe y piensa el estudiante y a la vez ha de enseñarle. Por una parte, ha de contagiarle la convicción de que muchas verdades están dispersadas en los libros, en textos muy diversos (antiguos y modernos), en la red (*blogs*, enciclopedias electrónicas, etc.), en museos, conciertos, exposiciones; y por otra, ha de enseñarle la importancia que tiene el hecho de estar dispuesto a dudar y a cuestionarse cosas que uno sabe, esto es, a ser crítico con uno mismo. En este sentido, el profesor ha de mostrar a los alumnos –como requisitos para llegar a la verdad– el valor y el gran peso que tiene la tradición, así como el tener un «buen equipamiento cultural». La mejor pedagogía para enseñar a cultivar el pensamiento crítico –explica el profesor Francisco Esteban Bara– es la del ejemplo diario del profesor dentro y fuera del aula. Es decir, el ejemplo de un profesor lector, reflexivo, estudioso, autocrítico, transmisor del deseo de aprender, buscador de la verdad; un profesor que domina la materia que imparte y recomienda seguir aprendiendo, seguir enriqueciéndose culturalmente al margen de cuál sea la materia que enseña; sembrador de concordia con todos, tanto con los que piensan igual que él como con los que piensan de manera diferente; un profesional que sabe escuchar y es alegre (Esteban, 2021).

El cultivo del pensamiento crítico es un gran desafío en nuestros días. Es una tarea de todos para con todos, en particular en las aulas que son el lugar por antonomasia destinado a la educación de los niños, los adolescentes y los jóvenes de la sociedad actual, que son los adultos de la sociedad del futuro. Fomentar, desarrollar y vivir el espíritu crítico son tres tareas humanas que transforman a la persona en un ser que vive con la mirada puesta en la verdad, condición imprescindible para construir relaciones humanas (familiares, sociales, profesionales) sólidas y profundas.

Enseñar a criticar

Como escribió el profesor José Manuel Esteve (2003), "el pensamiento crítico es algo vacío si no hay algo concreto ante lo que pensar, (...) no tiene sentido afirmar que alguien tiene un buen sentido crítico si no posee un profundo dominio de la materia de la que habla". Por otra parte, la actual legislación educativa en diversos apartados de su redactado –tanto en el preámbulo como en varios de sus noventa y nueve apartados de su único artículo– defiende una escuela con pensamiento crítico; es decir, presta atención a «fomentar el espíritu crítico trabajándolo en todas las materias» en las etapas de primaria y secundaria obligatoria y a «desarrollar el espíritu crítico» en la etapa de bachillerato. Dicho con otras palabras, *fomentar y desarrollar el espíritu crítico en las aulas* es un objetivo del sistema educativo actual de nuestro país. En este sentido, enseñar a los alumnos a criticar es una tarea que el profesorado no puede obviar.

Según el *Diccionario de la lengua española, criticar* significa "analizar pormenorizadamente algo y valorarlo según los criterios propios de la materia de que se trate". Enseñar a los alumnos a criticar una situación, unas circunstancias, unas palabras, una opinión, un texto, un modo de hacer, etc., es enseñar a examinar alguna de esas cuestiones con el objetivo de llegar a la verdad sobre ella. La buena crítica es dialogante y enriquecedora, está orientada a la búsqueda de la verdad, escucha a los demás y es reflexiva; no es relativista; se interesa tanto por los aspectos positivos como por los negativos de la cuestión a examinar para así tener una visión equilibrada de ella; parte de que nada es totalmente malo o totalmente bueno y de que nadie es dueño de la verdad. De ordinario una actitud o un modo de proceder de ese tipo, conduce a quien lo practica a pensar lo que nadie piensa. La buena crítica une a pensadores y amplía la visión de lo que es cierto, por lo tanto, es constructiva. Sabe que las verdades las sabemos entre todos.

A modo de conclusión

Enseñar a pensar es enseñar a cultivar el pensamiento crítico. Su objetivo es la búsqueda de la verdad, lejos de todo relativismo y afán de originalidad, singularidad o notoriedad. Su impulso es el amor a la verdad. La verdad de unas palabras, unas circunstancias, unos hechos, una situación, una idea, etc. La vía para su cultivo es la lectura, el estudio, la reflexión, la autocrítica, la escucha de los demás, el diálogo constructivo y respetuoso con todos. El buen profesor con su ejemplo diario en el aula y fuera de ella ha de ser un *maestro* en esta materia: el cultivo del pensamiento crítico. Esta es la mejor pedagogía para enseñar a los alumnos a pensar. La verdad no tiene dueño. La verdad la sabemos entre todos. Vivir en la verdad nos hace más humanos.

La creatividad del profesor

Hablar de creatividad es hablar –según el *Diccionario de la lengua española*– de la facultad humana de *crear, esto es,* de la habilidad para «lograr una obra relevante artística: literaria, arquitectónica, musical, científica, etc.». Por lo tanto, se trata de una capacidad del ser humano que favorece la *inventiva* y en consecuencia conduce a la *innovación* que tan valorada es en todos los ámbitos de la sociedad de hoy en día: tanto en el ámbito educativo, como en el económico y social, o incluso el médico o de la salud, todo el mundo habla de innovación. Según la escritora Diana Senechal, autora del libro *Mind Over Memes* –afirma la periodista Ephrat Livni– en la *cultura actual global* la creatividad se ha convertido en una obsesión (Senechal, 2018).

A su vez, Senechal advierte que en la escuela la creatividad está siendo *enseñada* y *cuantificada* (con *tests*) de una manera en la que realmente no sale bien parada, sino más bien todo lo contrario. Por ejemplo, en muchos casos se considera que una persona es creativa única y simplemente cuando es capaz de organizar *tormentas de ideas*. Sin embargo, la creatividad es mucho más. Por de pronto, la creatividad no es repentina en el sentido de que no aparece por sí sola, sino que requiere un trabajo dilatado en el tiempo y el estudio de los precedentes, es decir, conocer y "haber aprendido sobre lo que le precedió" a la cuestión (problema, circunstancia, etc.) que queremos innovar o modernizar. "Nada útil es totalmente nuevo".

A la creatividad –afirma esta misma autora– más que medirla (que sería medir aptitudes) "hay que dejarle espacio para que crezca", lo que significa dejar a las personas tanto en la escuela (profesores y alumnos) como en cualquier otra empresa (directivos y empleados) que "*jueguen* con las ideas" del modo como a cada uno le parezca más oportuno. Para ser creativo es decisivo amar lo que uno hace –que conlleva disfrutar o gozar con lo que libremente uno tiene entre manos– y poder desarrollarlo de acuerdo con el estilo personal de cada uno.

Cuáles son las características y los requisitos de la creatividad; cómo potenciar la propia creatividad; qué papel juega la inspiración en lo creativo; qué lugar ocupa la creatividad en nuestro sistema educativo; cómo estimular la creatividad de los alumnos en el aula: estas son las cuestiones que vamos a abordar a continuación.

Características y requisitos de la creatividad

Definir la creatividad no es fácil, pero si nos centrarnos en sus características y sus requisitos podemos acercarnos a una mejor comprensión de esta noción. "En ocasiones se confunde la creatividad con el talento artístico, científico o práctico para desarrollar una determinada actividad", ha escrito la filósofa y escritora Sara Barrena (2007, p. 28). Según esta autora "todos somos creativos y todos los actos racionales pueden ser en algún sentido creativos" (2007, p. 29), es decir, la creatividad no es una habilidad o un talento de unos pocos. Conforme a la investigación de Barrena, las características más comunes de la creatividad son: novedad, inteligibilidad, originalidad y valor. Es decir, poner en marcha un proceso creativo pide querer no quedarse con lo ya conocido, sino querer enriquecer el mundo con algo nuevo. Ese *algo nuevo* ha de ser inteligible, lo que significa que pueda ser percibido como *nuevo*. Además, ha de ser original, resultado de la originalidad entendida como "la capacidad de expresarse a uno mismo", y "debe añadir un valor" (Barrena, 2007, pp. 29-34).

Para que surja en la mente algo creativo (una conducta, una hipótesis científica, una obra de arte, etc.) son precisos unos requisitos: experiencia, imaginación y atención no voluntaria. Experiencia en el sentido de que hay que considerarla, contemplarla y pensarla. Imaginación porque permite jugar con las ideas, «soñar despierto», como uno quiera, a su aire, sin *controles* de ninguna clase, libre. Y saber desplegar la atención de manera *no voluntaria* –que significa no centrada en el propósito de poner atención en una sola cosa– para que sea una atención *amplia y desenfocada*, es decir, no focalizada en una sola idea, sino en varias, y así permitir conectar y relacionar pensamientos de momentos distintos y juntar ideas que nunca habían estado juntas, que es lo que dará explicación a la idea creativa (Barrena, 2007).

Cómo potenciar la creatividad. La inspiración

La creatividad va muy unida a la capacidad de generar ideas y a la curiosidad por encontrar buenas soluciones. Sin embargo, pensar de qué manera podemos potenciar la creatividad es pensar sobre cuál es la vía –o las vías– para que llegue esta inspiración, que aparentemente *llega* cuando quiere. Decimos *aparentemente* porque la inspiración es un *efecto* inesperado y efímero como una chispa que se enciende. Nos gusta recordar la conocida frase atribuida a Pablo Picasso que dice así: «Cuando la inspiración llegue, que me encuentre trabajando». Lo que queremos decir es que de ordinario la *inspiración* es fruto del silencio interior voluntario –es decir, elegido libremente– y del trabajo personal. Dicho con otras palabras, la inspiración requiere silencio interior y trabajo. De hecho, es bien sabido que las mejores ideas, las más creativas, surgen de un trabajo silencioso e individual, aunque después para desarrollarlas, para ponerlas en marcha, se precise un equipo de trabajo formado por especialistas diversos. La creatividad precisa también un trabajo en colaboración y, por lo tanto y en este sentido, podemos decir que no se trata de un trabajo en solitario.

Cabe considerar que la inspiración –tanto del profesor como la de los alumnos o de cualquier otra persona– se encuentra, por así decir, en muchos y diversos lugares: por ejemplo, en la lectura, en la naturaleza, en la escucha atenta, en la reflexión, en la escritura, en la observación de comportamientos, etc. Por eso, vale la pena llevar encima, siempre que sea posible, un papel (una pequeña libreta o similar) o un artilugio tecnológico para poder apuntar esas ideas –esporádicas y a veces fugaces– y que pueden dar paso al desarrollo de un proceso creativo. En definitiva, las ideas surgen a partir de circunstancias, modos de vivir, formas de mirar, entornos determinados, o conductas muy diversas. Una vez ha surgido la idea, después hay que saber apartar las distracciones digitales (las redes sociales, el correo, el teléfono) o del tipo que sean incluidos los ruidos diversos que le invaden a uno, y dirigir la atención hacia esa *chispa efímera* –llámesele idea o inspiración– para así descubrir, despertar y potenciar la propia creatividad.

La creatividad en el aula

Fomentar y desarrollar la creatividad del alumnado, así como la investigación orientada a la innovación educativa, son objetivos del sistema educativo actual de nuestro país, en todas sus etapas. De hecho, estos objetivos quedan expresados en la legislación educativa actual del siguiente modo: en la etapa de primaria «se dedicará un tiempo diario a la creación artística»; en la etapa de la enseñanza secundaria obligatoria «la creatividad se trabajará en todas las materias»; en el apartado 86 bis de la ley, al referirse a la promoción de la investigación e innovación educativa puede leerse «se promoverán la difusión de experiencias y el intercambio de los resultados relevantes de la investigación e innovación educativas entre redes de centros educativos y las universidades». Por lo tanto, el profesor en su actividad profesional –tanto en el aula como fuera de ella– no puede obviar el fomentar y desarrollar su creatividad y la de sus alumnos ni la innovación educativa.

Hasta aquí nos hemos referido a cómo potenciar y desarrollar la creatividad a nivel personal. Ahora, en este último apartado, queremos poner atención en cómo el profesor puede fomentar y desarrollar la creatividad de sus alumnos en el aula. Adam Grant (2016), profesor en la escuela de negocios Wharton de la Universidad de Pensilvania, en una entrevista para la revista *The Atlantic* daba cuenta sobre las mejores condiciones y pedagogías que pueden emplearse en el aula para despertar y desarrollar la creatividad de los alumnos y cómo puede actuar el profesor en este sentido.

Según Grant, "en un aula con demasiadas prohibiciones los niños no aprenden a pensar por su cuenta"; tampoco lo aprenden si en el aula falta orden y no se respetan las reglas de convivencia establecidas y explicadas a los alumnos. Para desarrollar la creatividad en el aula, Grant ofrece tres métodos o vías: 1) Combinar diferentes pedagogías, por ejemplo, un tiempo de explicación por parte del profesor, y después dejar que los alumnos desarrollen su propia manera de enseñar la lección para presentarla en pequeños grupos (trabajo cooperativo de los alumnos);

2) Enseñar a los alumnos a hacer preguntas, es decir, a seleccionar las preguntas realmente importantes y a formularlas con precisión; y 3) Permitir a los alumnos buscar nuevas soluciones «a ciertos problemas solo cuando antes hayan demostrado dominar las explicaciones tradicionales», es decir, recompensar el conocimiento dándoles autonomía para esa búsqueda (Grant, 2016).

Algunas de las diversas pedagogías que cabe considerar al pensar en cómo el profesor puede fomentar y desarrollar la creatividad de sus alumnos en el aula son: mantener o no un clima de silencio en el aula, promover el debate y las preguntas al impartir la materia, la clase magistral basada principalmente en la explicación del profesor, el trabajo cooperativo de los alumnos, el trabajo personal individual del alumno, etc. En todo caso es decisivo el ejemplo personal del profesor para contagiar una actitud favorable a la creatividad.

Una joven arquitecta nos contaba a los autores de este libro uno de los trabajos más creativos y más gozosos que realizó en sus cinco años de la carrera. Lo transcribimos porque nos parece un modo excelente por parte del profesor de estimular la creatividad de sus alumnos.

> *Fue en la asignatura Proyectos de 2º curso. Los alumnos debían elaborar un proyecto sin título para un lugar (o emplazamiento) concreto de Cataluña que el alumno debía elegir de manera argumentada y justificada. Ese fue por parte del profesor el enunciado del trabajo que el alumno debía realizar. El título del proyecto era una decisión del alumno. En definitiva, se trataba de un proceso creativo en el que había que proyectar a partir de un montón de ideas y elecciones. Las posibilidades eran infinitas: podía proyectarse un edificio de viviendas o de cualquier otro tipo, un teatro, una farmacia, un objeto determinado, un jardín, un parque de atracciones, un colegio, un museo, etc. Al cabo de los años esa joven arquitecta nos asegura que ese profesor logró estimular su creatividad (la de ella) y la de sus compañeros de curso. La variedad y la originalidad de los proyectos diseñados que entregaron los alumnos –concluye– fueron enormes.*

A modo de conclusión

La creatividad es la capacidad humana de crear una obra original y relevante. Favorece la inventiva y en consecuencia la deseada innovación en todos los ámbitos de la sociedad, incluido en el ámbito educativo. Lo creativo surge a partir de la experiencia, la imaginación y la atención si no está enfocada en una sola idea. La creatividad del profesor, al igual que la creatividad de todas las personas, va muy unida a la capacidad de generar ideas y a la curiosidad por encontrar buenas soluciones. Por eso requiere amar lo que uno hace, estudio para adquirir el *conocimiento anterior* sobre la cuestión a innovar y silencio interior voluntario que permite detectar y acoger la inspiración. En definitiva, la creatividad requiere mucho trabajo personal, no es algo espontáneo, no surge por sí sola. Pide una preparación. La creatividad del profesor en el aula depende en buena parte del clima del aula y de la práctica de la metodología –o las metodologías– que el profesor decida emplear.

Descubrir el propio estilo

Los alumnos quieren profesores auténticos, es decir, fieles a sus convicciones, que se muestren tal y como son, que su *yo verdadero* no quede disfrazado por un *yo falso*. Los alumnos huyen de los profesores que practican el postureo, no les inspiran confianza. La credibilidad del profesor depende de su autenticidad que va unida a su coherencia de vida, a su estilo personal, a su modo de ser y de hacer. Los alumnos esperan de sus profesores madurez y equilibrio sin vaivenes fruto de la irreflexión, las prisas, la moda del momento o del mero querer quedar bien. En este sentido, el ejemplo diario del profesor es decisivo. Las personas –y los alumnos no son una excepción– nos aceptan por lo que somos de verdad y no por lo que queremos aparentar, que tarde o temprano se derrumba. El buen profesor no puede obviar ese querer y ese esperar de los alumnos en relación a sus profesores que expresan con sus palabras, su actitud y su conducta. Está en juego su aceptación o su rechazo como educador por parte de los alumnos. Por lo tanto, está en juego lograr una educación transformadora que viva en el presente, pero con una mirada serena del profesor puesta en el futuro de sus alumnos y que cuente con aprendizajes de conocimientos y de valores.

«Sé tú mismo» es el consejo que suele darse a los profesores jóvenes en sus inicios profesionales. Ni que decir tiene que este consejo nada tiene que ver con el "me basto y me sobro" ni con "la idea de que todo en mí es válido por el hecho de ser mío" (Meseguer, 2022). Se trata de aprender a hacer compatible el *ser fiel a ti mismo* con la apertura a escuchar a los demás y aprender de ellos, es decir, el «sé tú mismo» no está reñido con el aprendizaje personal y el estar dispuesto a cambiar para mejorar. El «sé tú mismo» incluye valores como "la sinceridad, la coherencia o la independencia de criterio", este es el principal mensaje que debe llegar a quienes se les da ese consejo. Para vivir el «sé tú mismo» es fundamental descubrir, acoger y abrazar con serenidad y realismo la propia manera de ser.

El estilo docente –es decir, la manera de enseñar– que el profesor lleve a cabo será decisivo en el aprendizaje de los alumnos. Se trata de un modo de hacer –unido intrínsecamente al modo de ser de cada uno– que depende de muchos factores, además de las características personales del profesor como acabamos de apuntar. A veces sucede que los profesores enseñan poniendo más atención en su satisfacción personal que en el aprendizaje de los alumnos; otras veces los profesores en su docencia actúan irreflexivamente, de una manera rutinaria, casi automática, sin considerar la posibilidad de cambio alguno. Ambas situaciones ponen de manifiesto la necesidad de que el profesor periódicamente se replantee su estilo docente de un modo crítico y a la vez abierto al cambio (Pinelo, 2008).

También hay profesores que ejercen su docencia sometidos a la permanente demanda de innovación en las escuelas y en todo el sector educativo, presentada de maneras diversas, por ejemplo, mediante los periódicos ránquines de escuelas, o en la legislación educativa actual. En este sentido, nos gusta recordar que la innovación además de precisar curiosidad y afán de hacer algo nuevo, requiere siempre que uno piense a su aire, a su manera, que siempre incluye sus características personales. También hay profesores que enseñan tal como ellos aprendieron y de ahí no salen. Sin olvidar el caso del "profesor que enseña como a él le gustaría aprender, en definitiva, enseña según su propio estilo de aprendizaje" (Lozano, 2013).

En todo caso, merece la pena que el profesor piense detenidamente sobre su estilo propio de docencia, que va más allá de la metodología empleada y del sistema de evaluación de la asignatura por el que él ha optado. Es decir, lo descubra, lo revise y decida las mejoras que podría y convendría incorporar.

Qué es el estilo propio del profesor, qué factores y elementos lo determinan y definen, qué circunstancias favorecen o por el contrario dificultan al profesor poder enseñar de acuerdo con su estilo personal, cómo descubrirlo para mejorarlo, aprender de otros profesores, aprender de los propios alumnos, son cuestiones que abordamos a continuación.

El estilo propio del profesor

El estilo docente o de enseñanza del profesor es su forma personal de ejercer la docencia o de enseñar. Obviamente depende de las características personales del profesor, es decir, sus diferencias individuales: intuición, perspicacia, compromiso, preferencias, disposición, etc. (Lozano, 2017), además de otros elementos.

En este sentido, hablar del estilo propio del profesor es hablar de: 1) actitudes: permisiva, empática, paciente, de escucha atenta y activa, etc.; 2) aptitudes del profesor: por ejemplo, ser buen comunicador, claro, ameno, no aburrir a los alumnos, tener capacidad de organización, etc.; 3) conocimientos adquiridos tanto de su materia como pedagógicos; 4) valores en su persona, por ejemplo, laboriosidad, orden, amabilidad, generosidad, disposición a cambiar para mejorar, etc.; 5) creencias propias sobre la persona, sobre su profesión, sobre lo que significa educar; 6) formas de actuación: reflexiva, impetuosa, etc.; 7) modos de decidir en el aula, por ejemplo, impositivamente, participativamente, o bien manteniéndose al margen de manera que quienes deciden son los alumnos; 8) el clima capaz de crear en el aula: cómodo y afectuoso, tenso y conflictivo, favorecedor o no de la creatividad, etc.; 9) experiencias vividas tanto a nivel personal como profesional (Salmerón, 2011).

Esta gran pluralidad nos invita a pensar que los estilos docentes son muchos y muy variados. De hecho, existen muchas clasificaciones. Cabe destacar que la diversidad de formas propias de enseñar enriquece el diálogo entre profesores y –en consecuencia y a la vez– enriquece a los alumnos en el sentido de que amplía su mirada y les ayuda a crecer por dentro.

¿Qué factores favorecen y cuáles dificultan o limitan al profesor poder ejercer su docencia de acuerdo con su estilo personal? Las limitaciones a la práctica del estilo propio del profesor de ordinario suelen venir impuestas desde fuera. Según el profesor Jorge Larrosa, las más frecuentes son: 1) el empeño en sustituir la sabiduría de la experiencia del profesor por el saber «experto-moderno» de turno; 2) la continua «rendición de cuentas» con el correspondiente equipo de supervisores y evaluadores;

3) el crecimiento desmedido de tareas burocráticas; y 4) el afán apremiante de puntuaciones y ránquines. Y todo ello en base a un concepto *vacío* de contenido para muchos, que se llama «calidad». En definitiva, se trata de liberarse de los ránquines, la «calidad», la productividad y las metodologías elegidas solo por el mero hecho de ser consideradas «modernas» (Larrosa, 2020).

En cambio, sí favorecen la práctica del estilo propio, es decir, el practicar el «sé tú mismo»: 1) el respeto y la aceptación de la diversidad en las formas propias de enseñar de cada profesor, sin imposiciones de ninguna clase por parte de nadie; 2) la formación permanente del profesor, basada en la lectura, el estudio y la reflexión personal, en lugar de una formación reducida únicamente a la adquisición de técnicas, habilidades y metodologías modernas del momento; y 3) el impartir una educación a los jóvenes acorde con la sociedad actual. Estos tres elementos –diversidad de maneras, formación profunda, y consonancia con el hoy– favorecen el estilo propio de cada profesor, dando paso a un enriquecedor encuentro de singularidades.

Aprender de los demás

Para gozar de un estilo docente propio, primero hay que descubrirlo. Se trata de aprender para descubrir, decidir y proyectar qué tipo de profesor uno quiere ser. Las vías para aprender que tiene el profesor son muchas y variadas: mediante la formación impartida por expertos, el intercambio de experiencias educativas, lecturas diversas, observaciones, conversaciones, la escucha atenta a los demás. En última instancia, de ordinario, aprendemos directa o indirectamente a partir de los demás. Entre *los demás* se encuentran siempre los que están más cerca en el día a día. En este sentido, destaca el profesor Óscar Boluda (2016), "la mejora profesional [muchas veces] viene horizontalmente, de los compañeros, de aquellas cualidades que los hacen mejores en el aula y que pueden servirnos para querer seguir aprendiendo y mejorando junto a nuestros alumnos". Boluda se refiere al ejemplo silencioso, discreto e *involuntario*, de un colega de profesión del mismo centro educativo, de un profesional convencido de la grandeza de su profesión, de un docente competente y comprometido. Aprender conlleva también saber detectar un buen ejemplo y prestarle atención.

Entre los que están más cerca se encuentran, además, los alumnos con sus grandes expectativas en relación a sus profesores. Los profesores aprendemos también de nuestros alumnos. Aprendemos de ellos a partir de sus inquietudes, sus ilusiones, sus preguntas tan diversas, sus cuestiones vitales por resolver y que nos plantean. Los alumnos son los primeros que se benefician del buen hacer del profesor. Esta realidad invita al profesor a aprender para no decepcionar. En este sentido, Boluda plantea otro tipo de ránquines diferentes de los habituales, por ejemplo: "Los profesores que más comparten sus experiencias y recursos", "Los maestros que más se preocupan por sus alumnos", "Los docentes con más empatía y [más] cercanos", "Los profesores más valorados por sus alumnos", (...), "Los profes más recordados", "Los *Top Ten* de maestros a los que se los nota que aman su profesión y van sonrientes a su trabajo", "Los docentes más auténticos, discretos y cumplidores" (Boluda, 2016).

En definitiva, el estilo propio del profesor se forja en el día a día del profesor. Requiere sus propias maneras y aprendizajes muy diversos, también los que vienen del propio entorno, esto es, de otros profesores colegas y de los propios alumnos.

Una breve conclusión

Una educación transformadora requiere profesores competentes y comprometidos, reflexivos y creativos; conocedores de su propia persona y conscientes de la trascendencia de su profesión; docentes con espíritu crítico, interesados en aprender y dispuestos a cambiar para mejorar; capaces de llegar a la cabeza y al corazón de sus alumnos. Estos atributos del profesor son realmente necesarios para una educación transformadora, pero *no son suficientes.*

Una educación transformadora –que cuenta con el diálogo educativo confiado y en libertad– requiere, además, profesores creíbles, que inspiren confianza a sus alumnos, que sean convincentes tanto a nivel personal como profesional. Profesores fieles a su credo, a su modo de ser, sin afán alguno de querer aparentar lo que no son. Es decir, profesores que ejercen la docencia de acuerdo con su estilo propio de ser y de hacer. Profesores auténticos.

5

Algunas claves de la historia de la educación

Presentación

En esta última parte del libro ponemos nuestra atención en tres renombrados pedagogos de la historia de la educación: el suizo Jean Jacques Rousseau (1712-1778), el norteamericano John Dewey (1859-1952) y el español Francisco Ferrer Guardia (1859-1909). Tras describir el modelo pedagógico de cada uno queremos destacar el papel clave que su pedagogía tuvo en su época y en la historia de la educación.

Conocer el pasado nos permite comprender el presente y así intentar construir un futuro mejor. En este sentido, la mejora del futuro –también de la educación– pasa por una actitud de estar abierto permanentemente a los demás y dispuesto a escuchar a todos. Por lo tanto, para mejorar la pedagogía actual es necesario conocer las pedagogías anteriores, es decir, escuchar a sus autores a partir de sus textos y sus propias experiencias. En definitiva, detenernos en qué podemos aprender de ellos.

Por otro lado, algunas de las ideas de Rousseau, de Dewey y de Ferrer Guardia han desaparecido, en el sentido de que han quedado olvidadas. Nuestro principal objetivo en esta última parte del libro es rescatar los elementos pedagógicos y didácticos que consideramos particularmente *valiosos* en la pedagogía de estos tres autores, tanto los que ya se han aplicado como, especialmente, aquellos que en el siglo XXI valdría la pena estudiar su aplicación en las escuelas.

El modelo pedagógico de Jean Jacques Rousseau (1712-1778)

Jean Jacques Rousseau[1] fue uno de los filósofos y escritores más destacados de la Ilustración. Rousseau estaba en desacuerdo con la escuela tradicional (siglos XVII-XVIII) que le precedía, es decir, en disconformidad con una educación concebida como una actividad de rescate y vigilancia continua del alumno y en la que la iniciativa correspondía enteramente al maestro. Crítico de ese modelo, dio paso a una nueva corriente de pensamiento: el individualismo y naturalismo rousseauniano. Rousseau es considerado por muchos un gran reformador de la educación.

El objetivo de esta sección es presentar el pensamiento pedagógico de Jean Jacques Rousseau[2]. En primer lugar, damos cuenta de quién fue Rousseau a través de una breve exposición de su biografía (Peñalver, 1974; Verjat et al., 1978; Nava, 1992) y de la descripción que él mismo hace de su persona en su conocida obra educativa la novela *Emilio, o De la educación*. En segundo lugar, centramos nuestra atención en su método educativo *inactivo* basado en *hacer todo sin hacer nada*. A continuación, y, en tercer lugar, aspiramos a destacar los principales elementos pedagógicos y didácticos de la pedagogía rousseauniana. Cerramos la sección con una breve conclusión que incluye una mirada crítica al pensamiento pedagógico rousseauniano.

Jean Jacques Rousseau, escritor y filósofo suizo de habla francesa, nació en Ginebra el 28 de junio de 1712, en una familia de origen francés. A los pocos días de su nacimiento su madre murió y pasó al cuidado de su tía Suzanne Rousseau. Creció sin casi recibir una educación escolar. Más tarde, apenas asistió a cursos ni siguió estudios; su aprendizaje fue en gran parte resultado de sus propias lecturas. Su padre, Isaac Rousseau, relojero, se trasladó en Nyon a raíz de una disputa con un militar retirado y se volvió a casar. Jean Jacques quedó bajo la

1. Una versión mucho más amplia de estas ideas puede encontrarse en el capítulo II de Espot (2011).

2. No está en nuestro propósito abordar en este texto las ideas políticas y sociales de este autor, que expresó en su obra *El contrato social*.

tutela de su tío Gabriel Bernard. De 1728 a 1740 vivió en Chambéry bajo la protección de la baronesa Warrens. En 1741 se instaló en París y entabló relación con los enciclopedistas, en particular con Diderot. Su temperamento tímido, huraño y suspicaz le dificultó notablemente la vida social. En 1745 conoció a Thérèse Levasseur, mujer de poca cultura, con la que tuvo cinco hijos que fueron abandonados en el hospicio.

A lo largo de su vida, además de escritor desempeñó múltiples ocupaciones, fue músico, preceptor, empleado del catastro, autor de comedias. En Francia publicó sus tres obras más importantes: *El contrato social* que comenzó a redactar en 1754 y no fue publicada hasta 1762, *Julia o La nueva Eloísa* (1761), y el célebre *Emilio, o De la educación* (1762) (Rousseau, 2001). El *Emilio* salió a la venta en París el 24 de mayo de 1762; fue condenado inmediatamente por el Parlamento parisino, el 1 de junio se ordenó su embargo y al cabo de una semana fue denunciado ante la Sorbona.

A consecuencia del *Emilio* Rousseau tuvo que huir de Francia y fue expulsado de diversos lugares. En 1766 aceptó la invitación del filósofo David Hume y se trasladó a Inglaterra. Poco tiempo después, su amistad con el filósofo se malogró y al cabo de un año regresó nuevamente a París, llevando una vida errante, llena de angustias y enfermedades, una vida inquieta y atormentada tal como lo reflejan sus obras, escritas en ese período y publicadas póstumamente, los *Sueños de un caminante solitario* (1782) y las famosas *Confesiones* (1782 y 1789). Murió en Erménonville, Francia, el 2 de julio de 1778.

Rousseau pertenece a una época en la que se exalta al buen salvaje, partiendo de la idea de que «todo es bueno cuando sale de las manos del Creador de las cosas y todo degenera en las manos del hombre». Fue un hombre de costumbres sencillas, reflexivo y con una gran sensibilidad por la naturaleza. Su pensamiento estaba centrado en una casi utópica exaltación de la naturaleza y del sentimiento. Hombre elocuente y amante de la observación, la verdad y la libertad, se describe asimismo en el *Emilio* como un "hombre sencillo, amigo de la verdad, sin partido ni sistema, un solitario". Rousseau presenta su modelo pedagógico en su novela el *Emilio,* en la que «Emilio es un niño ficticio y Rousseau se sitúa como su tutor». Se trata de un "sistema educativo basado en la naturaleza y en la experiencia, y no en prejuicios, caminos preconcebidos y rutinas" (Armiño, 2001, p. 8).

El modelo pedagógico rousseauniano

Rousseau en el *Emilio* expone una teoría sobre la educación que le convierte en el iniciador del activismo pedagógico que defiende el protagonismo del alumno en su propio proceso educativo. El autor parte del principio de que el ser humano es naturalmente bueno e intenta mostrar el origen de todos los vicios que le convierten en un ser malvado. Pone de relieve, en contra de los enciclopedistas, la importancia de los sentimientos frente a la razón y fomenta una religiosidad muy alejada de los preceptos calvinistas o católicos.

El *Emilio* está organizado en cinco libros de acuerdo con las etapas del crecimiento de la persona: la infancia, la niñez, la primera adolescencia, el final de la adolescencia y la primera edad adulta. El plan de formación que Rousseau propone para su alumno sigue los siguientes pasos: se inicia con la educación de los sentidos (de los dos a los doce años), sigue con la educación de la inteligencia (hasta los quince años) y finaliza con la educación de la conciencia (hasta los veinticinco años) (Rousseau, 2001).

Rousseau en su obra pedagógica elige como modelo para la educación del *hombre social* a un joven aislado, es decir, que se educa solo, lejos de la sociedad que considera corruptora, un joven sano, de una familia noble y rica. Su nombre es Emilio. Rousseau escribe, Emilio "debe honrar a sus padres, pero solo a mí debe obedecer. Es mi primera, o mejor, mi única condición" (Rousseau, 2001, p. 64). Entre el joven Emilio y su tutor se establece un estrecho vínculo que en modo alguno es incompatible con la libertad del educando, considerada por Rousseau el primero de todos los bienes. "Emilio establece un 'contrato' de amistad con su tutor comprometiéndose a seguir sus leyes precisamente porque tiene la libertad de no hacerlo. Su tutor no le obliga a ello y por eso es más libre", escribe Beatriz Sierra (1997, p. 199).

Emilio, alumno de la naturaleza, presta atención a sus fenómenos y enseñanzas, "toma sus lecciones de la naturaleza y no de los hombres" (Rousseau, 2001, p. 167), y se educa sin más ayuda que la de un preceptor que deja que la observación, la experiencia y la razón le vayan haciendo adquirir los conocimientos. Emilio, dice Rousseau, "tiene pocos conocimientos, pero los que tiene son realmente suyos" (Rousseau, 2001, p. 308), y no de los libros o del preceptor, es decir, los descubre él mismo con su propia experiencia y su razón. Su gran móvil para aprender es únicamente el interés, guiado por la curiosidad, una curiosidad que el preceptor debe provocar en su alumno (Rousseau, 2001).

Rousseau no cesa de repetir la importancia que tiene en educación retardarlo todo lo más posible. Nada de libros en la primera infancia, nada de lecciones de moral antes de llegar a la adolescencia y sobre todo nada de contactos precoces con la sociedad. "Retrasarlo todo, indudablemente, pero también prepararlo todo; (...) con el fin de evitar desviaciones precoces que proceden de la influencia social" (Château, 1974, p. 182).

Emilio –dice su tutor– posee pocos conocimientos, pero sabe que ignora muchas cosas. Rousseau valora poco los conocimientos por sí mismos. Defiende el derecho a la ignorancia de las cosas inadecuadas para su alumno, es decir, que no están al alcance de su razón. Respecto a ellas, afirma, el joven Emilio debe permanecer en una ignorancia absoluta. Lo importante no es enseñarle muchas cosas, sino únicamente aquello que desea aprender porque es útil, necesario y conveniente, en definitiva, lo que es bueno. En su opinión, no saber no hace daño, lo que daña es el error. "Cuanto más saben los hombres, más se equivocan, el único medio de evitar el error es la ignorancia" (Rousseau, 2001, p. 304). Rousseau estima que la primera educación debe ser negativa, lo que no significa una ausencia o carencia de educación, sino una educación distinta a la impartida hasta entonces. Una educación en la que el preceptor sin inculcar la virtud ni la verdad trata de preservar al niño del mal y del error (Rousseau, 2001).

De este modo, el método del preceptor se convierte en un método que Rousseau denomina *inactivo*, que consiste, en "dirigir sin preceptos y hacer todo sin hacer nada, (...) el único idóneo para triunfar" (Rousseau, 2001, p. 167). Este método basa el aprendizaje del educando en su curiosidad y sus propias experiencias más que en las explicaciones y lecciones verbales del preceptor. No prohíbe, sino que propone que el niño sufra las consecuencias naturales de sus propios actos sin la intervención del preceptor para protegerle o castigarle. Dicho con otras palabras, considera que el niño no debe conocer más castigos que la consecuencia natural de su mala acción, puesto que no hay perversidad en su corazón.

Para Rousseau la misión del preceptor consiste en orientar al niño más que impartir un programa de estudios cargado de conocimientos, es decir, se trata de ser su guía particular, un guía dedicado exclusivamente a su discípulo. El modelo educativo rousseauniano se concibe en un marco de educación individual. Rousseau excluye en su modelo de educación cualquier comparación con otros niños, es un modelo sin rivales ni competidores, puesto que el niño –advierte el ginebrino– no debe aprender por envidia o por vanidad, sino por *interés* y porque es *útil* aquello que desea aprender (Rousseau, 2001).

Según Rousseau, lo importante es que el niño sea el autor de su propio aprendizaje. No obstante, refiriéndose al maestro no deja de advertir la importancia que tiene haberse educado uno mismo antes de atreverse a emprender la formación de un hombre: "No seréis dueño del niño si no lo sois de cuanto le rodea, y esa autoridad jamás será suficiente si no está fundada en la estima de la virtud (...), si no abrís también vuestro corazón, el de los demás permanecerá siempre cerrado para vosotros. Es vuestro tiempo, son vuestros cuidados, vuestros afectos, vos mismo lo que habéis de dar" (Rousseau, 2001, p. 127). Rousseau supone al tutor una serie de cualidades que le son necesarias para llevar a cabo su tarea educativa. En su opinión, el alumno tiene que encontrar en su maestro el ejemplo que se debe proponer. En cualquier caso, es el ejemplo del maestro más que sus palabras lo que influirá y arrastrará al discípulo, es decir, el comportamiento del maestro es el que le dará autoridad ante su discípulo (Rousseau, 2001). El ejemplo tiene una importancia clave en la educación rousseauniana. Para Rousseau –defiende en su modelo pedagógico– no es suficiente predicar la virtud, sino que además hay que mostrarla con obras, es decir, es necesaria la coherencia entre lo que se dice y lo que se hace.

En definitiva, Rousseau insiste en que el tutor no debe dar lecciones a su alumno, puesto que los conocimientos se aprenden de manera más clara y segura por uno mismo que por las enseñanzas de otros. El alumno debe estar atento a los fenómenos de la naturaleza y aprender de ella. No obstante, la experiencia y la autoridad del maestro –afirma Rousseau– deben guiar al alumno y orientarle, pero de ningún modo deben sustituir su experiencia y su razón. Leemos en el *Emilio*: "Poned las cuestiones a su alcance, y dejádselas resolver. Que no sepa nada porque se lo hayáis dicho, sino porque lo ha comprendido por sí mismo: que no aprenda la ciencia, que la invente. Si alguna vez sustituís en su espíritu la autoridad por la razón nunca razonará solo; será juguete de la opinión de los demás" (Rousseau, 2001, pp. 244 y 245).

Elementos pedagógicos y didácticos básicos en la pedagogía de Rousseau

El pensamiento de Rousseau revolucionó totalmente el modo de educar a los niños. La educación tal como fue concebida por Rousseau es muy distinta a como la concibió la escuela tradicional que le precedió. Para Rousseau el acercamiento del alumno a la naturaleza y a las cosas y el rechazo a la palabrería inútil y vana de la enseñanza tradicional fueron una constante en su obra pedagógica: "Nunca repetiré suficiente que concedemos demasiado poder a las palabras; con nuestra educación parlanchina no hacemos más que parlanchines" (Rousseau, 2001, p. 263), escribió el ginebrino. Defensor a ultranza del naturalismo, propugnó que la educación debía llevarse a cabo de acuerdo con la naturaleza, entendiendo por naturaleza las "disposiciones primarias o hábitos no alterados por la instrucción" (Domínguez, 1998a, p. 41).

Con Rousseau la educación que contaba con un papel sumamente activo del maestro (que no tenía en cuenta la espontaneidad del educando e intentaba controlar su voluntad, su imaginación y sus emociones), se convierte en una actividad en la que la iniciativa corresponde enteramente al niño movido por su interés y curiosidad, y no al profesor, que con sus explicaciones y lecciones verbales inculcaba al alumno unas máximas y unos conocimientos previamente establecidos, y se le obligaba a realizar unas actividades para adquirir un determinado saber.

En la pedagogía de Rousseau es el alumno quien adquiere los conocimientos necesarios, que son pocos, pero todos ellos útiles, afirma el ginebrino. La misión del profesor es orientar a su alumno, ser su guía, sin preceptos de ninguna clase y sin proponerle lo que debe aprender, no obstante, poniéndoselo a su alcance. En este sentido, el auténtico maestro del niño es la naturaleza, de ella toma sus lecciones.

Las estrategias de motivación al educando, que en la escuela tradicional están centradas en el efecto disuasorio del castigo, en los premios y la emulación, en el modelo pedagógico de Rousseau desaparecen como tales y son sustituidas por la espontaneidad, el interés y la curiosidad del alumno.

Para Rousseau es fundamental que la autoridad del tutor no se ejerza por la fuerza, sus palabras no deben ser órdenes ni mandatos. La autoridad –insiste– le viene al tutor por su conducta, en ningún caso por imposición, sino todo lo contrario, es aceptada por el discípulo y puesta a su servicio para orientarle y guiarle en su desarrollo natural. El discípulo reconoce en el tutor una sabiduría que él no tiene, reconoce su virtud y confía en su tutor, y le obedece sin contradecir su propia voluntad. En este sentido, el ejemplo del profesor es definitivo.

El modelo educativo de Rousseau ha tenido una gran repercusión en la educación posterior. Como consecuencia cambia la concepción sobre el alumno y el maestro, la organización y el clima de las instituciones escolares y se revisan los programas de estudio (Domínguez, 1998b).

Una breve conclusión con una mirada crítica

Rousseau fue un crítico radical de su tiempo. El empleo de la experiencia directa más que la memoria, el descubrimiento de la educación de los sentidos, educar en base a los intereses del niño, el derecho a la ignorancia de los conocimientos inadecuados para el niño, la exclusión de los libros en la edad infantil, el rechazo al castigo y al afán de sobresalir o a cualquier tipo de emulación, son aspectos de la educación rousseauniana que contrastan notablemente con la educación tradicional censurada vivamente por Rousseau.

"En los principios pedagógicos de Jean-Jacques Rousseau, la naturaleza (...) es un entorno a conocer, un soporte, un medio pedagógico. [Emilio] aprende geografía no a partir de mapas, sino del entorno natural. Observa el curso de los ríos, identifica prados y bosques y descubre la topografía del entorno. La observación de la posición del sol en distintos momentos del día y a lo largo del año lo lleva a plantear preguntas. (...). Emilio aprende a observar, a razonar por sí mismo, a deducir y a establecer conexiones. (...). Aprende a nutrir su curiosidad para más adelante. (...). [El tutor] está siempre al lado de Emilio para dar sentido a lo que pasa, para explicar, para nombrar, para concluir..." (Moussy, 2019). El protagonista de su aprendizaje es el niño, el joven Emilio.

La propuesta pedagógica rousseauniana no está exenta de críticas, algunos de sus elementos han quedado del todo desfasados y otros obsoletos. La primera y muy repetida crítica a Rousseau es su gran y profunda contradicción: Rousseau en el *Emilio* defiende una educación detallista y cuidadosa, que cuenta con el acompañamiento atento de un tutor ejemplar. Sin embargo, él abandonó a sus cinco hijos en el hospicio. En este sentido, su falta de coherencia entre lo que hizo y lo que escribió afecta negativamente a su credibilidad.

La propuesta pedagógica de Rousseau no cuenta con la insustituible tarea educadora de los padres del alumno. Es más, para este autor *basta con que el alumno honre a sus padres, pues a quien solo debe obedecer es a él*, que es su tutor. Rousseau ignora –o al menos lo omite en su tratado sobre educación– algo esencial y que todos sabemos: los primeros educadores de los hijos son sus padres. Los profesores con nuestro trabajo profesional ayudamos a los padres en esa gran e importantísima responsabilidad que tienen: la educación de sus hijos. Vale la pena recordar que la *libertad de elección de centro educativo*, en la legislación educativa actual se reconoce como un derecho de los padres.

Según Rousseau, los niños deben ser educados en base a sus intereses. Rousseau cuenta con que la curiosidad del niño es innata y da por hecho que siempre está presente en él. Sin embargo, el niño muestra curiosidad hacia algunos temas o cuestiones y no hacia otros. Por lo tanto, el interés que es fruto de la curiosidad muchas veces está ausente en el alumno. En este sentido, la confianza de Rousseau en la curiosidad y los intereses del niño para muchos es ingenua y supeditar la educación del niño a ellos (curiosidad e intereses) parece desacertado por no decir imprudente.

Rousseau dedica el libro V de su obra a la *educación de la futura esposa de su alumno, la joven Sofía*. Según Rousseau, Sofía ha de tener una educación muy distinta a la de Emilio, ni que decir tiene que se trata de una propuesta rousseauniana del todo descartada en la sociedad actual y en la legislación educativa vigente. El autor inicia el libro V mostrando las semejanzas y diferencias de los dos sexos. Las ideas que este autor expone sobre los roles y la vida de las mujeres están del todo rechazadas en la sociedad actual, pues son contrapuestas al principio de igualdad de derechos de mujeres y varones.

El ser humano es social por naturaleza y como tal necesita una escuela que contribuya a su socialización. El individualismo que propone y defiende Rousseau excluye el trabajo en colaboración o cooperativo escolar. Una educación en solitario como defiende Rousseau, es contraria a la naturaleza de la persona. El alumno inevitablemente interacciona con la sociedad en la que vive (familia, escuela, amigos, etc.), y necesita de los demás. En este sentido, el alumno ha de desarrollar la capacidad de adaptarse a su entorno y la escuela no debe desentenderse de esa enseñanza. De hecho, fomentar y desarrollar la socialización del alumnado –en aras a una plena participación social y laboral– es un objetivo, también, contemplado en la legislación educativa actual.

No obstante, el pensamiento educativo de Rousseau tuvo un gran impacto en el modo de educar de su tiempo y lo sigue teniendo hoy. Muchos fueron los autores que tras recibir su influencia desarrollaron y ampliaron sus teorías; entre ellos cabe destacar al filósofo y pedagogo norteamericano John Dewey (1859-1952), defensor de una educación concebida como una experiencia continuada, autor al que prestamos atención a continuación.

El modelo pedagógico de John Dewey (1859-1952)

El objetivo de esta sección es dar cuenta de la teoría educativa del filósofo y pedagogo John Dewey, cuya vida se enmarca a finales del siglo XIX y, sobre todo, en las primeras décadas del XX en Estados Unidos[3]. En primer lugar, presentamos una aproximación a su persona a través del conocimiento de su trayectoria académica destacando sus inquietudes y su producción intelectual más influyente en la pedagogía del siglo XX; en segundo lugar, nos referimos a la expansión internacional del pensamiento pedagógico de John Dewey –filósofo y educador internacional–, y en particular la acogida que tuvo en España; en tercer lugar abordamos los planteamientos filosóficos de Dewey y los elementos clave en su pensamiento a partir de los que elaboró su teoría de la educación que nunca separó de su filosofía: el *pragmatismo*; en cuarto lugar, centramos nuestra atención en la concepción deweyana de la educación: su objetivo, sus fines, su método de enseñanza y su contenido; y, finalmente, cerramos la sección con una conclusión que incluye una mirada crítica.

John Dewey (García-Hoz, 1974; Domínguez, 1998b), nació el 20 de octubre de 1859 en Burlington (Vermont, Estados Unidos). Hombre muy polivalente en sus intereses, vivió con intensidad noventa y tres años en una época de profundos cambios científicos y sociales. Prestó atención a la gran mayoría de los aspectos de la cultura y la vida de los Estados Unidos. Cursó sus primeros estudios universitarios en la Universidad de Vermont. Tras ellos ejerció la docencia en una escuela de enseñanza secundaria en Pennsylvania y quedó muy decepcionado por la ineficacia de los métodos de aprendizaje. Después de esta experiencia, en 1884 se doctoró en Filosofía en la Universidad Johns Hopkins en Baltimore. En la Johns Hopkins, Dewey asistió a las clases de Charles Sanders Peirce, el fundador del pragmatismo. Más tarde fue profesor de filosofía en las Universidades de Michigan y Minnesota, hasta que en 1894 fue nombrado profesor titular de Filosofía y Pedagogía en la prestigiosa Universidad de Chicago.

3. Una versión mucho más amplia de estas ideas puede encontrarse en el capítulo II de Espot (2011).

Movido por su inquietud de reformar la enseñanza tradicional fundó en 1896, en la misma Universidad de Chicago, la *University Elementary School*, una escuela concebida como un laboratorio para experiencias pedagógicas, y en la que estableció el *método de proyectos*. Esta iniciativa funcionó hasta 1903 y contó para su desarrollo con la colaboración de su esposa Alice Chapman. Dewey pretendía reformar la educación que se impartía en aquellos días, una educación cuyos fines, impuestos por el profesor o por los organismos político-administrativos, eran completamente externos al niño, a sus intereses, y que por lo tanto solo podía aceptar por miedo a esa imposición. No obstante, según escribe la hija de Dewey, Jane, los motivos que impulsaron a su padre a crear la *Elementary School* no fueron únicamente mejorar la educación, sino también comprobar sus teorías filosóficas y psicológicas (Jane M. Dewey, 2002).

En 1904 fue nombrado profesor de la Universidad de Columbia (Nueva York) donde permaneció hasta su retiro de la docencia en 1930. En este período escribió su obra pedagógica más importante y más influyente en la educación de Europa y Estados Unidos, *Democracia y educación* (1916) en la que exponía su pensamiento pedagógico. Esta publicación, con la que el autor provocó grandes discusiones en Estados Unidos, está considerada una de las obras más importantes de la pedagogía del siglo XX. Dewey estaba convencido de que las escuelas tenían que cambiar radicalmente; renovó los métodos educativos que consideraba anticuados y consiguió dar un giro radical a la pedagogía centrando en el niño –y no en el maestro– el proceso educativo.

Su obra escrita es abundante y de contenido diverso: filosofía, pedagogía, psicología, ética. Las obras de mayor interés en el ámbito de la educación, junto con *Democracia y educación*, son *Mi credo pedagógico* (1897), *La escuela y la sociedad* (1899), *El niño y el programa escolar* (1902), *La escuela y el niño* (1906), *Cómo pensamos* (1910), y *Experiencia y educación* (1938), en las que el autor expone su teoría educativa y destaca la importancia de la educación como un medio fundamental para desde la escuela mejorar la sociedad. John Dewey murió en Nueva York en 1952.

Expansión internacional del pensamiento pedagógico deweyano

El pensamiento pedagógico de John Dewey ha transformado profundamente las aulas tanto de las escuelas privadas como públicas. Sidney Hook en su libro *John Dewey. Semblanza intelectual* destaca que Dewey cuando llegó a Nueva York (1904) era ya una figura nacional. Más tarde, "al final de la guerra, John Dewey llegó a ser una figura internacional –de hecho, el embajador intelectual de los Estados Unidos para el mundo–. Era el único filósofo y educador estadounidense vivo que resultaba ampliamente conocido más allá de las fronteras de los Estados Unidos. (...) México, China, Japón, Rusia, Turquía, Sudáfrica fueron algunos de los países que visitó en misiones relacionadas con la educación. Resulta interesante observar que solo en la medida en que esas naciones extranjeras estuvieran comprometidas con un modo de vida democrático las teorías educativas de Dewey podían ponerse en práctica" (Hook, 2000, p. 23).

Por lo que respecta a los países de habla española, el pensamiento de Dewey, en particular su pensamiento pedagógico, no llegó a España hasta 1915 (Nubiola y Sierra, 2001). Tras la guerra civil española, Dewey sufrió un eclipse en España debido al régimen político. No obstante, posteriormente el gradual proceso democratizador hizo resurgir en España sus ideas. Puede decirse que España ha padecido durante gran parte del siglo XX una notable ignorancia sobre Dewey y, en consecuencia, sobre el pragmatismo norteamericano.

Elementos clave en el pensamiento de John Dewey

A Dewey, hombre muy polifacético, educador y filósofo, se le han otorgado muchos calificativos: pragmatista, experimentalista, pluralista, evolucionista, naturalista, reconstruccionista. Para comprender mejor la configuración del pensamiento pedagógico de Dewey a continuación, prestamos atención en primer lugar a la filosofía deweyana (el pragmatismo); en segundo lugar, damos cuenta de cuatro influencias clave en la configuración de su pensamiento pedagógico; en tercer lugar, abordamos tres conceptos básicos en su teoría: interés, esfuerzo y experiencia; y, en cuarto lugar, ahondamos en el concepto del activismo pedagógico.

El pragmatismo en la pedagogía deweyana

Dewey nunca separó su teoría de la educación de su filosofía, el pragmatismo norteamericano. "La nueva filosofía de la educación se encontraba arraigada en el pensamiento norteamericano, y este –esencialmente un producto de la filosofía académica norteamericana del siglo diecinueve– era escasamente conocido por los filósofos europeos que consideraban el pragmatismo como una peculiar tradición localista muy distante de las corrientes principales de la filosofía europea" (Nubiola y Sierra, 2001, p. 110). No obstante, Dewey, junto con Peirce y los otros pragmatistas clásicos norteamericanos, se convirtió en un pensador clave para el siglo XXI (Nubiola y Sierra, 2001).

Dewey elaboró su teoría de la educación a partir del pragmatismo. El pragmatismo como término y como doctrina filosófica nació hace unos ciento cincuenta años en Norteamérica en la ciudad de Cambridge (Massachussets). Charles Sanders Peirce (1839-1914) es reconocido como el fundador del pragmatismo y William James (1842-1910) como el gran difusor de este pensamiento filosófico (Sini, 1999). Puede decirse que el pragmatismo se caracteriza por un acercamiento del pensamiento a la vida. En modo alguno es una disciplina de obediencia estricta, sino más bien una orientación general del pensamiento.

Las ideas pedagógicas de John Dewey se apoyan en el pragmatismo; pretendió practicar siempre una filosofía ajena a los problemas meramente académicos que a veces ocupan a los filósofos (Caparrós, 1989). Su preocupación se centraba en los problemas humanos, más que en los problemas filosóficos. John Dewey es considerado uno de los grandes pragmatistas, "el gran teórico del pragmatismo moderno" (Blanco, 1996, p. 399).

Cuatro influencias clave en el pensamiento deweyano

a) *La psicología empírica y racional*: Para Dewey, la educación "tiene que comenzar a partir de una comprensión psicológica de las capacidades, los intereses y hábitos del niño" (Dewey, 1997, p. 37). Dewey buscó desde la psicología la fundamentación de la práctica y ciencia educativas.

b) *Las doctrinas evolucionistas*: Dewey conocía las teorías darwinianas y a partir de ellas, por analogía, desarrolló argumentos para su teoría de la educación (Brubacher, 1974). Para él, la educación es un proceso en evolución constante, tal como lo es el universo. Un proceso en evolución que arranca desde la experiencia.

c) *El método científico*: Para llevar a cabo sus fines educativos, Dewey propone la observación, reflexión y comprobación, como método para cualquier disciplina. Para Dewey, el *método científico* no era sino la expresión de lo que todo aprendizaje siempre exige: conjetura, selección de hipótesis, comprobación crítica, experimentación, búsqueda imaginativa de lo nuevo, curiosidad permanente (Caparrós, 1989).

d) *La democracia*: Dewey considera la democracia como la forma de vida mejor, la más rica y plena para el hombre, puesto que le proporciona las condiciones necesarias para que la naturaleza humana se realice al máximo. La democracia –según Dewey– siempre está en proceso de continua reconstrucción, en consecuencia, estimula la inteligencia, la imaginación y la creatividad del individuo. Dewey insiste en la importancia de que los hombres estén instruidos para que la democracia subsista (Carbonell, 1994). Para Dewey, el ámbito educacional más idóneo solo tiene cabida en un sistema democrático, y considera que en un estado no-democrático no se educa, solo se informa, se adoctrina (Blanco, 1996).

Tres conceptos básicos en la teoría educativa deweyana: el interés, el esfuerzo y la experiencia

El interés, el esfuerzo y la experiencia son tres conceptos básicos en la teoría educativa deweyana en los que merece la pena detenerse. Dewey considera esencial que el niño esté *interesado* en su educación. Para suscitar y mantener ese interés en el niño, Dewey advierte que la educación sencillamente debe tender a resolver sus problemas. "Creo –escribió en *Mi credo pedagógico*– que solo mediante la observación continua y comprensiva de los intereses del niño puede el adulto entrar en la vida del niño y ver para lo que la misma está preparada, y sobre qué material podría operar con la mayor disposición y provecho" (Dewey, 1997). En *Democracia y educación*, Dewey describe el interés como la actitud propia de un participante, que no se limita a contemplar como un espectador los sucesos que ocurren, sino que está unido a lo que ocurre y sus resultados constituyen una diferencia para él (Dewey, 2001). Para Dewey, la verdadera motivación radica en el interés o percepción por parte del niño de la importancia personal del fin u objeto, que es la que le impulsa a la acción (Molinos, 2002). Es al profesor a quien le corresponde suscitar el interés del niño, proporcionándole un entorno adecuado (Molinos, 2002, p. 74).

Dewey considera el interés como estimulador del esfuerzo, que a su vez considera imprescindible en toda enseñanza. Resulta conveniente señalar que Dewey no concibe el esfuerzo como la energía que el alumno gasta en ausencia del interés, sino como un producto del interés. En este sentido, puede decirse que interés y esfuerzo no están contrapuestos, sino conexionados, puesto que, cuanto más interés, mayor será el esfuerzo (Brubacher, 1974). De hecho, este autor estima que el niño aprende de su experiencia directa con la realidad; «aprender haciendo» ha de convertirse para el maestro en un gran principio. En el pensamiento pedagógico de John Dewey el término «experiencia» por una parte significa «ensayar» y por otra, «experimentar» (Brubacher, 1974, p. 282). Experimentar en el sentido de verificar.

Hacer algo, es decir, la mera actividad –según Dewey– no constituye experiencia. La experiencia –explica– incluye dos elementos combinados. Un elemento activo que consiste en *ensayar*, realizar una actividad, y un elemento pasivo que Dewey denomina *sufrir o padecer* las consecuencias que se convierte en instrucción. La conexión entre ellos mide el valor de la experiencia. La experiencia como ensayo –afirma Dewey– supone cambio, y en consecuencia un aprendizaje (Dewey, 1994).

Para Dewey, la experiencia nunca es definitiva, por lo tanto, el hombre se ve obligado continuamente a reconstruirla a la luz de la experiencia futura (Brubacher, 1974). Según Dewey, la experiencia da lugar a la aparición del pensamiento, que actúa como instrumento reorganizador de la misma experiencia. En este sentido, puede decirse que el pensamiento nace a partir de los problemas reales del individuo y no a partir de teorías alejadas de su entorno. "Pensar es, en consecuencia, un instrumento para resolver los problemas de la experiencia y el conocimiento no es otra cosa que la acumulación de sabiduría que se genera en el proceso de resolución de problemas" (Beltrán, 1997, p. 26).

El activismo pedagógico

Dewey deja claro que lo importante en el proceso educativo es *lo que haga el alumno*, más que *lo que haga el profesor*. Propone una enseñanza basada en la actividad del educando, en la que el alumno *aprende haciendo*: el activismo. Se trata de una enseñanza en la que el saber procede de la acción, de la experiencia. El principio de la actividad del educando y de su cooperación a su propia educación, se estableció con anterioridad a Dewey, no obstante, John Dewey está considerado uno de los principales representantes del activismo.

El activismo pedagógico surgió como protesta a la enseñanza tradicional en la que el protagonismo se centraba en el maestro, un maestro dogmático que incitaba a la pasividad al alumno. Se trata de una enseñanza centrada en el niño bajo el principio de «la educación por la acción», frente a la clásica pedagogía tradicional de «la educación por la instrucción» (Domínguez, 1998b, p. 63). El aprender activo es un *aprender haciendo* que supone que el educando tenga una actividad continua y, además, en la que esté interesado. "No se trata tanto de incluir en el currículum unas actividades, como pueden ser los trabajos manuales, o unas experiencias de laboratorio, o redactar informes, sino de que *todas las materias* tengan una permanente dimensión activa" (Marín, 1982, p. 116). Para Dewey, la actividad buena educativamente hablando suscita el interés del niño y a su vez estimula su curiosidad (Molinos, 2002). En este sentido, las tareas más activadoras –señala Ricardo Marín– no están alejadas del mundo del alumno, de sus preocupaciones, en definitiva, no están alejadas de sus intereses, sino todo lo contrario. En esta pedagogía se aspira a una enseñanza centrada en el niño y que se apoye en sus intereses.

En el activismo pedagógico "la actividad interesante es el mejor medio de mantener la disciplina". La tarea del profesor consistirá en indicar a cada alumno la actividad que debe realizar, más que en explicarlo todo y mantener la disciplina en el aula. No se trata de que el profesor lo resuelva todo sin dejar lugar al esfuerzo personal del alumno, sino que su colaboración debe reducirse a lo esencial y, de este modo, fomentar el autoaprendizaje del alumno. Por su parte, el esfuerzo memorístico es reemplazado por el esfuerzo personal de reflexión que permite desarrollar la capacidad crítica del educando. A su vez, la enseñanza activista insiste en la aplicación práctica de los conocimientos o técnicas aprendidos (Marín, 1982).

Concepción deweyana de la educación: objetivo, fines, método y contenido

Dewey concibe la educación como el instrumento fundamental de la democracia. Distingue dos tipos de educación: la extraescolar y la escolar. La educación extraescolar es adquirida por el niño en su entorno inmediato, la familia, la calle. Es una educación asistemática, más profunda y real que la educación escolar. La educación escolar se caracteriza por ser una educación formal, más abstracta y superficial, y menos influyente. A su vez, es una enseñanza más amplia y completa. Dewey subraya la necesidad de integrarla con las vivencias cotidianas del niño (Carbonell, 1994). En los primeros capítulos de *Democracia y educación* Dewey expone ampliamente su concepto de educación y lo hace desde distintas perspectivas (Dewey, 2001): como necesidad vital; como función social; como dirección; como crecimiento; y como reconstrucción continua de la propia experiencia. Nos detenemos ahora en el objetivo, los fines, el método y el contenido del sistema educativo propuesto por Dewey.

El objetivo de la educación deweyana

Dewey sostiene que la educación debe estar relacionada con los intereses del niño, hasta el punto de ser la vida misma. El objetivo educativo de Dewey es la formación de hábitos y de conductas necesarias e imprescindibles en una sociedad democrática. Se trata de desarrollar las cualidades del educando para convertirle en un miembro útil de la democracia a la que concibe como un modo general de vida en asociación y no simplemente una forma de régimen político.

Los fines de la educación deweyana

Los fines de la educación –según Dewey– vienen determinados por la previsión de las consecuencias que pueden esperarse de las actividades reales que el niño realiza en su vida cotidiana. Así pues, para establecer un fin de la educación, en primer lugar, este debe nacer de las actividades efectivas del educando. Necesariamente debe ser flexible, es decir, conviene plantearse como una tentativa, capaz de enmendarse o revisarse, puesto que el futuro se halla rodeado de incertidumbre. Por lo tanto, si los fines de la educación se originan a partir de las actividades reales que realiza el niño, serán tantos y tan variados como la vida misma. No obstante, Dewey no deja de abordar el fin global de la educación tomada en su conjunto, concluyendo que es un proceso de desarrollo que capacita al educando para que pueda asumir la dirección de su propia experiencia. El programa adecuado para llevar a cabo esta clase de fines, es un programa de experiencias (Brubacher,1974).

El método en la educación deweyana

Dewey relaciona su método educativo con el concepto de experiencia y propone una metodología educativa basada en la observación, hipótesis, verificación y ley. Miguel Ángel Cadrecha describe el método educativo deweyano y sus caracteres esenciales del siguiente modo: "Experiencia auténtica, situación real, información, orden de soluciones y validación de las soluciones buscadas. Se trata, en definitiva, de un método que responde a una educación en la vida misma y para la misma vida del alumno. (...). Desde esta perspectiva ya se deja entrever qué ha de ser la materia de la educación democrática, propuesta por nuestro autor: la vida misma, el contenido de la vida individual y social del alumno" (Cadrecha, 1990, p. 88).

El contenido en la educación deweyana

La materia de estudio o contenido de la educación –señala Dewey– debe girar alrededor del juego y el trabajo, la geografía, la historia y la ciencia. A su juicio, uno de los defectos más frecuentes en los programas escolares de aquellos días, consistía en que a partir de ellos los alumnos solo acumulaban información del pasado, no conocimiento, sin percibir relación alguna con su vida diaria. Se trata de que "el maestro ha de concentrar su atención, no en transmitir ese pasado como pasado, sino en ver cómo el niño lo utiliza como capital de trabajo a fin de explorar el presente y construir el futuro" (Brubacher, 1974, p. 286). En suma, Dewey estima que el contenido de la educación no puede estar al margen de la vida social del niño. En su *Credo pedagógico*, acorde con esto, escribe: "Creo, en consecuencia, que el verdadero centro de correlación de las materias escolares no es la ciencia ni la literatura ni la historia ni la geografía, sino las propias actividades sociales del niño" (Dewey, 1997, p. 43).

La escuela y el profesor. La Escuela-Laboratorio de Chicago

Dewey concibe la escuela como una institución social organizada como una pequeña comunidad democrática, con sus propios hábitos, sus responsabilidades, sus representantes y su propia dinámica interna. La escuela –afirma– debe tener sus fines propios. En esta pequeña sociedad democrática, el niño tiene su trabajo y sus responsabilidades, y aprende el espíritu y el ejercicio de cooperación democrática. Es decir, "la escuela ha de preparar para vivir en una comunidad conduciendo a la democratización de la sociedad existente mediante nuevas formas de comunicación y participación humana" (Beltrán, 1997, p. 23).

El fin esencial de la escuela, según Dewey, es preparar al niño para vivir su vida presente, su vida de hoy. Dewey pone de relieve la importancia que tiene en la educación del niño la presencia de unas mismas pautas de conducta y aprendizaje dentro y fuera de la escuela. Por consiguiente, "la escuela tiene que representar la vida presente: tan real y vital para el niño como la que lleva en su hogar, en el vecindario, o en el patio de recreo" (Dewey, 1997, p. 39). Ha de ser la prolongación de su vida real y cotidiana. Dewey se manifiesta en contra del material didáctico que se aleja del entorno natural y social inmediato del niño, y de aquellas lecciones que hacen referencia a una vida futura hipotética, abstracta y remota.

Para Dewey, el profesor es un miembro de esa pequeña comunidad que es la escuela. Es el miembro experimentado que ayuda al educando en su aprendizaje democrático (Carbonell, 1994). El profesor –advierte Dewey– no solo educa al niño, sino que contribuye desde la escuela a formar una sociedad más justa y en consecuencia mejor. "Creo –afirma este autor– que cada enseñante habría de darse cuenta de la dignidad de su llamada; que es un servidor social puesto aparte para mantener el orden social apropiado y para asegurar el correcto crecimiento social" (Dewey, 1997, p. 57).

El profesor –destaca Dewey– ayuda al niño a resolver sus problemas, entendiendo por problemas los proyectos que continuamente se plantea por sí solo. "El profesor no está en la escuela para imponer ciertas ideas o para formar hábitos en el niño, sino como un miembro de la comunidad que habrá de seleccionar las influencias que afectarán al niño y tendrá que ayudarlo a responder apropiadamente a esas influencias" (Dewey, 1997, p. 43). El papel del profesor no consiste en dirigir, sino en asesorar. Debe despertar y mantener vivo el interés del niño sugiriendo preguntas y puntos de vista distintos, fomentando el preguntar, explorar e indagar. "El modelo de profesor que intentó promocionar en el funcionamiento cotidiano de la escuela era el de un profesional altamente cualificado, esto es, muy competente en su materia, que estuviera continuamente preocupado e indagando sobre la conducta infantil, que reflexionara sobre sus propias experiencias y cambiara continuamente de estrategias educativas según los resultados obtenidos" (Domínguez, 1998b, p. 63).

En suma, Dewey critica duramente los métodos utilizados en la escuela tradicional, más que sus contenidos. No admite ningún método de enseñanza que no tenga en cuenta la experiencia directa y las propias necesidades del educando. Rechaza cualquier tipo de imposición autoritaria. Si al niño le gusta lo que está haciendo lo aprenderá por el propio placer de aprender. La única manera de aprender, según Dewey, es hacer (Carbonell, 1994).

La Escuela-Laboratorio de Chicago

La célebre *Escuela-Laboratorio* de Chicago llamada, comúnmente *Escuela Dewey,* fue fundada por John Dewey en 1896 con el objetivo de someter a la experiencia sus teorías pedagógicas, así como sus teorías filosóficas y psicológicas (Molinos, 2002). La educación que se impartía en la *Escuela Dewey,* escribe Louis Menand, "se basaba en la idea de que el conocimiento es un subproducto de la actividad: la gente hace cosas en el mundo, y ese hacer da como resultado el aprendizaje de algo que, si se considera útil, es trasladado a la actividad siguiente" (Menand, 2002, p. 27). Concebida con un propósito experimentalista, su finalidad primera era la de ser un auténtico laboratorio y se estableció en ella el denominado *método de proyectos.* "Los alumnos, divididos en once grupos según edades, acometían una variedad de proyectos centrados en ocupaciones contemporáneas o históricas" (Beltrán, 1997, p. 27).

Dewey "concibió el programa como un instrumento que ayudaría al niño a realizar todos los proyectos que este podía haber formulado con el fin de comprobar el resultado de sus presentes actividades" (Brubacher, 1974, p. 279). Su propósito era enseñar al niño a vivir en el mundo actual. Para ello, su enseñanza partía de las actividades presentes del niño, de sus propias experiencias. El plan de estudios oficial fue reemplazado por un plan de actividades más flexible en función de los intereses del niño y su experiencia (Carbonell, 1994).

En la *Escuela Dewey* el currículum se centró en las denominadas *ocupaciones,* es decir, actividades de la vida cotidiana: cocina, jardinería, costura, carpintería. Lo que Dewey pretendía con estas actividades no era simplemente el aprendizaje de ellas mismas, sino que a partir y mediante ellas el niño se hiciese preguntas sobre los materiales, modos de funcionamiento, etc., que le condujeran a aprender botánica, química o cualquier otro saber, y así desarrollar el pensamiento del niño.

Dewey define el concepto de ocupación del siguiente modo: "Ocupación no significa cualquier tipo de mera actividad [*busy-work*] o de ejercicios que se dan al niño para evitar que cometa travesuras o se deje llevar de la pereza cuando está sentado en su pupitre. Por ocupaciones yo quiero decir una forma de actividad por parte del niño que reproduce, o se desarrolla paralelamente a alguna forma de trabajo llevado a cabo en la vida social" (Molinos, 2002, p. 73).

La lengua y las matemáticas eran consideradas por Dewey asignaturas instrumentales, es decir, instrumentos de expresión y comunicación verbal y numérica imprescindibles en las ocupaciones para dar cuenta de los resultados de las experiencias realizadas. Asimismo, la literatura estudiada desde un punto de vista histórico, era considerada una forma de expresión social (Molinos, 2002). La evaluación del aprendizaje del alumno, por parte del profesor, se llevaba a cabo mediante la observación. No se realizaban exámenes, ni se calificaba de manera tradicional (Domínguez, 1998b). Dewey sentó las bases para la llamada *Escuela Nueva*[4] "introduciendo la cooperación frente al individualismo, la actividad frente a la pasividad, el trabajo manual frente a las asignaturas" (García-Hoz, 1974, p. 260).

A modo de conclusión con una mirada crítica

Dewey, situado en la línea pragmatista, se manifiesta en contra de la escuela tradicional. Según Dewey, la educación debía ser una preparación para la vida presente, pues no es posible predecir las condiciones de la sociedad del futuro. Respecto a esta cuestión este autor escribe: "Con el advenimiento de la democracia y de las condiciones industriales modernas, es imposible predecir de una forma definitiva cómo será la civilización dentro de veinte años a partir de ahora. De ahí que resulte imposible preparar al niño para ningún conjunto preciso de condiciones" (Dewey, 1997, p. 37). Las materias del programa de estudios escolar debían elegirse en relación con las preocupaciones prácticas de la vida

4. Puede ampliarse el estudio de la Escuela Nueva en Colom et al. (1998, pp. 67-77) y en Marín (1982, pp. 261-290).

del niño, más que por su valor disciplinario. A su entender, el método de instrucción de la escuela tradicional, centrado en el maestro, era notablemente autoritario. Dewey convierte al niño en el centro del proceso educativo, y a su vez sustituye el ejercicio de facultades como la memoria o la voluntad del niño, utilizadas para desarrollar sus capacidades, por el interés y el esfuerzo del niño. Dicho en otros términos, Dewey rechaza el aprendizaje rutinario y memorístico de la escuela tradicional y lo sustituye por una enseñanza basada en la acción y el interés del educando.

Para Dewey, la educación fue el instrumento más idóneo para adaptar al individuo a la sociedad. El método científico de investigación, el valor de la experiencia en la educación y los métodos de aprendizaje colectivos, y la relación estrecha entre la enseñanza formal y la experiencia directa de la vida, constituyen los aspectos básicos del pensamiento pedagógico deweyano. Estos aspectos han sido valorados y posteriormente seguidos por distintos colectivos pedagógicos, e indudablemente han contribuido a que se replantearan las formas tradicionales de la enseñanza dando lugar a una renovación profunda de la educación y de la escuela actuales.

Los planteamientos pedagógicos de Dewey difieren, a su vez, notoriamente de los de Rousseau. Dewey, partidario de los métodos de trabajo colectivos, critica el individualismo propuesto y defendido por Rousseau. Asimismo, se manifestó contrario a la ingenua confianza en la espontaneidad del niño y el culto mítico a la naturaleza que Rousseau defendió a ultranza. Dewey, –escriben José y Francisco Beltrán– "no creía en la espontaneidad de los niños sino en la habilidad de sus profesores para mediar en sus capacidades generando hábitos de inteligencia social y responsabilidad" (Beltrán, 1997, p. 26).

Las ideas pedagógicas de Dewey fueron muy influyentes en la pedagogía que le siguió en el tiempo. No obstante, la propuesta educativa deweyana tampoco está exenta de críticas o controversias. Por ejemplo, la idea de la primacía de la práctica en educación, idea asociada a Dewey, ha sido enormemente influyente. No obstante, después de casi un siglo desde su lanzamiento, Inger Enkvist, en su ensayo *La educación en peligro*, puso de relieve las limitaciones de los llamados métodos activos. El «aprender haciendo» –explica Enkvist– separa al educando de los libros y no permite aprender conceptos complicados. En su opinión, no es solamente la actividad (o la práctica) la que decide si ocurre el aprendizaje (Enkvist, 2000).

Por otra parte, Dewey estableció en su escuela el denominado *método de proyectos*. Ni que decir tiene que se trata de una metodología integradora, socializadora y que convierte al alumno en el protagonista de su aprendizaje, y que cuenta con muchos adeptos en las escuelas de hoy en día. Sin embargo, en el ámbito escolar su realidad conlleva unos inconvenientes y unas dificultades en los que merece la pena poner atención.

Trabajar por proyectos en la escuela pide al profesorado una planificación cuidadosa y rigurosa, preparar unos materiales, encontrar momentos (tiempos) y espacios (aulas pequeñas) para el encuentro del grupo de trabajo, y ser capaz de promover y acoger el espíritu de trabajo colaborativo de los alumnos. Todo eso, en primer lugar, requiere un proceso de formación al profesorado, por lo tanto, un tiempo y un apoyo para afrontar esa tarea formativa. En segundo lugar, poner en marcha esta metodología pide unos apoyos (disponibilidad de materiales) y unos recursos (organización horaria en los centros escolares, además de un diseño y una distribución de espacios que permitan el trabajo grupal) que no pueden obviarse. Y, en tercer lugar, se trata de una metodología en la que en muchas ocasiones hay un trabajo fuera del aula que pide poder contar con las familias; en este sentido, surge una dificultad añadida para los alumnos que se encuentran en situaciones familiares o sociales difíciles, es decir, realidades que piden al profesorado o al centro educativo encontrar estrategias que eviten brechas en el proceso (Pérez, 2023).

Estas limitaciones o singularidades no resueltas en la pedagogía de John Dewey deben ser contrarrestadas por una pedagogía que no pase por alto esas cuestiones que acabamos de citar y que con Dewey quedan sin resolver, al menos de manera explícita.

En la sección siguiente damos paso al pedagogo anarquista y librepensador español Francisco Ferrer Guardia (1859-1909), fundador de la *Escuela Moderna* de principios del siglo XX.

Una mirada a la Escuela Moderna de Francisco Ferrer Guardia (1859-1909)

Hablar de la Escuela Moderna es hablar de Francisco Ferrer Guardia (1859-1909), trasladarnos a finales del siglo XIX y principios del XX, situándonos en un período de la historia de España con "miles de escuelas privadas diseminadas por toda la geografía española" (Delgado, 1979, p. 41). La insuficiencia de escuelas estatales, en aquellos años, favoreció el desarrollo de las escuelas privadas de todo tipo, entre ellas las escuelas laicas. De hecho, "el origen de las escuelas laicas hay que situarlo en Cataluña a partir de 1881, año en que Práxedes Mateo Sagasta presidente del consejo de ministros español varias veces en el período comprendido entre 1870 y 1902 decretó el permiso de asociación" (Delgado, 1979, p. 42). Los promotores del movimiento laico fueron los librepensadores.

La Escuela Moderna fue una escuela laica, racionalista y científica fundada por Francisco Ferrer Guardia en septiembre de 1901, en Barcelona; fue cerrada por las autoridades gubernamentales en junio de 1906. A Ferrer Guardia se le ha considerado pedagogo, autodidacta, anarquista, incluso mártir. Él mismo, en su obra póstuma, se define enemigo de todo dogmatismo, de la ostentación y los prejuicios, así como de los privilegios y los exclusivismos, entre otros muchos rasgos de su personalidad.

Nuestro propósito en esta sección es abordar la obra pedagógica de Ferrer Guardia, es decir, centrarnos en su vertiente cultural y pedagógica más que en sus actividades políticas. En concreto, nuestro objetivo es rescatar los elementos pedagógicos y didácticos valiosos del movimiento de la Escuela Moderna de Ferrer Guardia, de hace poco más de 100 años, tanto los que ya se han aplicado como aquellos que en el siglo XXI habría que aplicar en las escuelas o al menos repensarlos.

Hemos organizado esta sección en cuatro apartados. En el primer apartado prestamos atención a la personalidad y la biografía de Ferrer Guardia, así como a la polémica y el misterio surgidos en torno a su persona según distintos autores. En el segundo apartado nos centramos en los principios y objetivos pedagógicos ferreristas instaurados en la Escuela Moderna. En el tercer apartado damos cuenta del papel decisivo que tuvo la editorial de la Escuela Moderna en la propagación del ideal pedagógico de Ferrer Guardia. Finalmente, en el cuarto apartado presentamos las conclusiones, es decir, los elementos pedagógicos y didácticos de la Escuela Moderna que nos parecen valiosos y de interés para la escuela del siglo XXI.

Quién fue Francisco Ferrer Guardia

Francisco Ferrer Guardia nació en Alella pequeña población del Maresme, comarca situada en la provincia de Barcelona, en una familia católica y conservadora, con catorce hijos, Francisco fue el decimotercero. Fue a la escuela de Alella y de Teià. Dejó pronto la escuela. En octubre de 1873 se marchó a Barcelona para trabajar en una tienda de tejidos cuyo propietario era republicano. Al cabo de cinco años Ferrer Guardia cambió de trabajo y se empleó en una compañía de ferrocarriles. Se convirtió en "un enlace entre los republicanos españoles refugiados en Francia y sus correligionarios de Cataluña" (Avilés, 2006, p. 33). Más tarde marchó a París.

Las inexactitudes y las contradicciones en la biografía de Ferrer Guardia son una realidad, destaca el pedagogo e historiador Buenaventura Delgado; se deben –escribió este autor– a "los esbozos biográficos redactados precipitadamente a raíz de la muerte de Ferrer, sin tiempo para constatar su veracidad o falsedad" (Delgado, 1979, p. 18). Algunos de estos errores o equivocaciones son por ejemplo: su fecha de nacimiento (la fecha exacta es 14 de enero de 1859); el lugar asignado a Ferrer en la escala familiar (el penúltimo de una familia de catorce/ el séptimo de nueve); el porqué de su emigración a Francia en 1885; el motivo por su tan rápida emancipación familiar y su marcha a Barcelona; la afirmación de algunos biógrafos de que obtuvo el título de maestro, mientras que "en los archivos de la *Escuela Normal del Magisterio de Barcelona* no consta rastro alguno de Ferrer" (Delgado, 1979, p. 22).

Delgado en su libro *La Escuela Moderna de Ferrer i Guàrdia* da cuenta de la visión-opinión-enjuiciamientos de un conjunto de escritores sobre la persona de Ferrer Guardia y su obra realizada. Según Delgado, algunos de esos autores alaban y elogian a Ferrer Guardia, le califican de educador, redentor, guía y gran pedagogo, mientras que otros le niegan mérito alguno y le califican de «pedante de estrechas miras y con pocas cualidades atractivas» (Brenan, 1962, p. 134). A modo de ejemplo, Delgado transcribe en su libro algunas de esas opiniones; copiamos una de ellas a continuación: «Ferrer no era un sabio, en el sentido que generalmente se da a esta palabra; no era un literato, ni un escritor pulcro y atildado, ni una notabilidad científica, sino un simple hombre del pueblo, pero hombre de carácter, tenaz, persistente, de temple revolucionario y más capaz que muchos otros que se jactan de serlo en grado superlativo» (Comaposada, 1909, p. 30).

Según el historiador Juan Avilés Farré, algunos de los más estrechos amigos y colaboradores de Ferrer Guardia eran a la vez masones y anarquistas (Avilés, 2006, p. 43). Para Ferrer Guardia, republicanos, librepensadores y masones –explica Avilés– estaban empeñados en un mismo proyecto, aunque su función no fuera la misma. Las sociedades librepensadoras "no tenían otra finalidad que la defensa del racionalismo frente al dogmatismo religioso" (Avilés, 2006, p. 49). Los contactos de Ferrer Guardia fueron numerosos, es decir, "tejió una importante red de relaciones en Francia, en España y en otros países europeos" (Avilés, 2006, p. 85).

Para Ferrer Guardia –afirma Avilés– la pedagogía y la revolución estaban estrechamente ligadas. El fundador de la Escuela Moderna durante los dos últimos años de su vida no trató de reabrirla, sino que "prefirió lanzar una campaña internacional en favor de una escuela racionalista, que él concebía como el mejor medio para preparar la futura revolución" (2006, p. 197). Lo consideró más provechoso. En el verano de 1908, escribió un libro en el que "expuso los rasgos generales del proyecto educativo en que se había basado la Escuela Moderna" (Avilés, 2006, p. 200), aunque él no llegó a verlo publicado. Lo escribió en un hotel de Amelie-les-Bains –continua Avilés– y se publicó en 1912. No obstante, en relación con este libro Delgado afirma que "de las 255 páginas de que consta, Ferrer escribió aproximadamente la mitad; el resto se debe a plumas diversas" (Delgado, 1979, p. 16).

Ferrer Guardia "en la última etapa de su vida quedó bastante aislado en su Cataluña natal, mientras que estrechó sus lazos con personas de ideas similares a las suyas en distintos países europeos" (Avilés, 2006, p. 200). En 1909 fue acusado de haber dirigido la *Semana Trágica de Barcelona*, fue procesado y condenado a muerte. Avilés afirma que "la opinión dominante en la historiografía es que era inocente de este cargo" (Avilés, 2006, p. 215). Murió fusilado en Montjuic (Barcelona) el 13 de octubre de 1909. Sus últimas palabras fueron «¡Viva la Escuela Moderna!». Se cerraron muchas escuelas privadas, escuelas racionalistas, escuelas protestantes y también escuelas laicas situadas en puntos alejados de Barcelona.

Según Delgado, a Ferrer Guardia se le hizo principal responsable y cabecilla de la *Semana Trágica*. Sin embargo, "más que por su actuación en la Semana Trágica, Ferrer fue ajusticiado por sus actividades pedagógicas", añade Delgado (1979, p. 223). En 1910, a pesar de numerosas presiones, las escuelas laicas volvieron a abrir sus puertas (Delgado, 1979).

La Pedagogía de la Escuela Moderna. Principios y objetivos pedagógicos

En 1901 Ferrer Guardia fundó la Escuela Moderna, "un proyecto educativo racionalista en el marco de una España en la que la impronta católica en el sistema educativo –escribe Avilés– era dominante" (2006, p. 93). La educación tenía una gran importancia para los anarquistas, pues estaban convencidos de que solo mediante una educación diferente se podría convertir al ser humano en una persona "capaz de cooperar con sus semejantes en libertad" (Avilés, 2006, p. 93). La pedagogía de Ferrer Guardia se caracteriza por su "énfasis en la ciencia" (Avilés, 2006, p. 97). En definitiva, se trataba de una enseñanza racional y científica, libre y que excluyese todo componente religioso. Inició sus clases en Barcelona, el 9 de septiembre de 1901; en 1906 la Escuela Moderna fue cerrada por las autoridades. Ferrer Guardia "tenía muy claros los enemigos que su Escuela debía combatir: la Iglesia y el Estado" (Avilés, 2006, p. 97). "Ferviente internacionalista y enemigo de los patriotismos

–escribe Avilés– que dividían a la humanidad, Ferrer no podía ver con simpatía el creciente arraigo del catalanismo. Según [Albano] Rosell, Ferrer era un «furioso anticatalanista»" (Avilés, 2006, p. 99).

La Escuela Moderna fue una escuela: 1) De educación primaria; 2) Mixta "para que los niños de ambos sexos tengan idéntica educación" (Ferrer, 1912, p. 52); 3) No gratuita, estableciendo que "las familias pagarán según sus posibilidades económicas" (Costa, 2009, p. 12); 4) Laica, sin formación religiosa alguna; 5) Sin exámenes, ni premios ni castigos a los que Ferrer Guardia denomina "prácticas irracionales y atávicas" (Ferrer, 1912, p. 113). Para este autor, los exámenes "parecen ser instituidos solamente para satisfacer el amor propio enfermizo de los padres, la supina vanidad y el interés egoísta de muchos maestros y para causar sendas torturas a los niños antes del examen, y después, las consiguientes enfermedades más o menos prematuras" (Ferrer, 1912, p. 106).

En cuanto a sus principios y objetivos pedagógicos, la Escuela Moderna es una escuela que aspiraba a ser higiénica, con una enseñanza científica inspirada en la naturaleza –pensar después de observar, sin pedir «actos de fe al educando» (Ferrer, 2009, p. 144)– y racional, sin dogmas de ninguna clase, con "teorías aceptadas por la razón, verdades confirmadas por la evidencia, (...) que las verdades brillen por sí en abstracto, arraiguen en todo entendimiento y, aplicadas a la práctica, beneficien a la humanidad sin exclusiones indignas ni exclusivismos repugnantes" (Ferrer, 1912, p. 159). Para el fundador de esta escuela "no es verdadera educación sino la que está exenta de todo dogmatismo" (Ferrer, 2009, p. 124). En el número 7 de su *Boletín* Ferrer Guardia publicó que la Escuela Moderna "aspira a formar inteligencias libres, responsables, aptas para vivir en el desarrollo total de las facultades humanas" (2009, p. 153). En las aulas –según Ferrer Guardia– hay que emancipar las inteligencias de los educandos para que lleguen a «tener pensamiento propio» (2009, p. 127).

Partidario de la escuela mixta, refiriéndose a la mujer, Ferrer Guardia escribió: "el hombre la ha convertido en perpetua menor (...), o la oprime y le impone silencio, o la trata como niño mimado" (1912, p. 53).

Para este autor, la humanidad mejoraría con más aceleración, si se contara con el "fuerte e impulsivo sentimiento de la mujer" (1912, p. 58). Copiamos a continuación un fragmento del capítulo XIV de su libro para acercarnos al pensamiento de este autor y comprenderlo con mayor claridad: "Mujeres así educadas serán madres en el verdadero sentido natural y social, no trasmisoras de supersticiones tradicionales, y enseñarán a sus hijos la integridad de la vida, la dignidad de la libertad, la solidaridad social, no el acatamiento a doctrinas aniquiladas y esterilizadas por agotamiento y la sumisión a jerarquías absolutamente ilegítimas. (...). Cerraremos de una vez y para siempre el período religioso para entrar de modo definitivo en el puramente natural y racional" (1912, p. 166).

No está claro que Ferrer Guardia no quisiera formar rebeldes, asegura Avilés, pero sí que pretendía una escuela interclasista: cada alumno pagaba en función de la situación económica familiar. No obstante, según cuenta Avilés, Albano Rosell –que le conoció bien– escribió en sus memorias que "fue precisamente el precio elevado de la Escuela Moderna el que condujo a su éxito entre la clase media progresista, porque garantizaba que los alumnos serían de un nivel social apropiado" (Avilés, 2006, pp. 102 y 103). Por otra parte, la Escuela Moderna fue "una abanderada de la emancipación femenina". Lo que queremos decir es que, para Ferrer Guardia "la coeducación de ambos sexos era tan importante como la coeducación de pobres y ricos" (Avilés, 2006, p.103).

Una dificultad con la que se encontró Ferrer Guardia –y que califica de "grave" (1912, p. 82)– fue la formación del profesorado de la Escuela Moderna: el profesorado necesariamente había de ser capaz de impartir una enseñanza científica y racional, alejada por completo de toda imposición dogmática y siguiendo a la naturaleza. Tal propósito exigía una preparación difícil, "no siempre realizable –escribió Ferrer Guardia– por los impedimentos de la rutina" (1912, p. 83) tan arraigados en la sociedad del momento.

Para Ferrer Guardia, el contento y el juego son dos elementos importantes en la educación de los niños. En cuanto al primero (el contento) lo entiende como "el vivo interés y la alegría que los niños experimentan en sus pasatiempos", citando a Spencer lo define como "el tónico más poderoso" (1912, p. 77). En relación al juego, Ferrer Guardia afirma que es indispensable a los niños, "el juego espontáneo, que es de la preferencia del niño, predice su ocupación o disposiciones nativas. El niño juega a hombre, y cuando llega a la edad viril hace en serio aquello que de niño le divertía" (1912, p. 80). Ferrer Guardia considera que "en el juego es en donde se debe orientar a los niños a que practiquen la ley de la solidaridad" (1912, p. 81).

La idea de la necesidad de implantar una enseñanza científica y racional, alejada de todo dogmatismo religioso y político, es una constante que aparece de manera repetitiva a lo largo de las páginas de su obra. Para Ferrer Guardia, esta enseñanza es la vía necesaria para cambiar de manera radical, urgente e inexcusable a la humanidad. Ese cambio pide en primer lugar la renovación de la escuela.

Según Delgado, muy pocas de las ideas pedagógicas de Ferrer Guardia pueden considerarse –en el sentido estricto– originales y añade que en ellas abundan las contradicciones (1979). De hecho, siendo Ferrer Guardia un defensor a ultranza de una educación alejada por completo de todo dogmatismo, llama la atención el lenguaje que se observa en los textos escritos por alumnos de 9 y 11 años de la Escuela Moderna, que este autor presenta en el capítulo XV de su obra póstuma. En este sentido, Delgado añade que Ferrer Guardia "sustituye los dogmas ajenos por los suyos propios", siembra en las inteligencias de los alumnos "una ideología muy concreta que contradice la libertad pregonada", pues "espontáneamente, libremente, los niños no piensan ni escriben como los de la Escuela Moderna" (Delgado, 1979, p. 108).

En la última parte de su libro, Ferrer Guardia reconoce y expresa el éxito de su proyecto pedagógico. Merece la pena copiar dos citas al respecto. La primera, podemos leerla en el capítulo XIII, corresponde a un fragmento del breve discurso del director de la escuela declarando abierto el tercer curso escolar, dice así: "fortalecido por el éxito, se proseguirá con energía y convicción el propósito que anima a la Escuela Moderna"

(Ferrer, 1912, p. 150). La segunda, puede leerse en el programa del tercer año escolar (1903-1904) que el autor presenta en el capítulo XIV, dice así: "Dos años de éxito nos sirven de garantizador testimonio" (Ferrer, 1912, p. 159). Ambos textos fueron publicados en el *Boletín* de la escuela.

La editorial de la Escuela Moderna. Sus publicaciones

Según Delgado, Ferrer Guardia llevó a la práctica su plan tal como lo había comunicado a su amigo José Prat: "una escuela primaria en régimen de coeducación de sexos y con conferencias divulgadoras para los padres y los niños de su escuela en las mañanas de los domingos. No habrá clases nocturnas para adultos, pero no por ello se desentenderá de la educación del proletariado, misión que llevará a cabo mediante las publicaciones de su Editorial y los periódicos y revistas por él fundados o por él sostenidos" (Delgado, 1979, pp. 92 y 93).

La Escuela Moderna contó desde el principio con una editorial propia para suplir la falta de material de enseñanza y tener su órgano de prensa: el *Boletín de la Escuela Moderna*, cuya colección completa consta de 62 números. El primero se publicó el 30 de octubre de 1901 y el último el 1 de julio de 1909. De los 62 *Boletines* en el *Instituto Municipal de Historia* de Barcelona se conservan únicamente 14 de ellos (Delgado, 1979).

Para Avilés, el boletín de la Escuela Moderna "resulta una fuente muy útil para conocer tanto su filosofía como su actividad práctica" (2006, p. 104). Uno de los temas abordado varias veces en el *Boletín* fue el de los exámenes. En el primer año de la Escuela Moderna se realizaron exámenes en todas las clases, pero no satisfizo a la dirección. De hecho, la Escuela decidió no efectuar los exámenes de fin de curso (Avilés, 2006, p. 105); "esto no significa que no se dieran calificaciones a los alumnos, por el contrario, se publicaban en el boletín, pero eran el resultado de lo que hoy llamaríamos evaluación continua" (Avilés, 2006, p. 105). Fueron varios los autores-colaboradores que participaron en la editorial de la Escuela Moderna. "En ella se publicaron textos destinados a la escuela primaria, novelas anarquistas y estudios destinados a un público adulto. En algunos casos se trataba de manuales sin contenido doctrinal, mientras que en otros la propaganda de los ideales anarquistas era evidente" (Avilés, 2006, p. 110). Ferrer Guardia "se sentía particularmente orgulloso –destaca Avilés– de las conferencias que la Escuela Moderna organizaba los domingos, a las que, según él, acudían «los alumnos, sus familias y un gran número de trabajadores deseosos de aprender»" (2006, p. 106).

"El *Boletín de la Escuela Moderna* –escribe Ferrer Guardia– llenó cumplidamente su misión" (1912, p. 188). De hecho, en él se insertaban programas y noticias de la escuela, datos estadísticos, estudios pedagógicos originales de sus profesores, noticias del progreso de la enseñanza racional en el propio país o en distintos países, traducciones de artículos extranjeros, reseñas de conferencias dominicales de la escuela, avisos y anuncios de la biblioteca. Cabe destacar que 32 escuelas de España tuvieron como libro de texto los de la Escuela Moderna; su fundador presenta en su obra única la relación de los nombres de esas escuelas y su localidad respectiva (Ferrer, 2009).

A modo de conclusión

Estudiar los principios y los objetivos pedagógicos de Francisco Ferrer Guardia, permite conocer una realidad de la historia de la educación de hace poco más de 100 años. El libro póstumo de Ferrer Guardia titulado *La Escuela Moderna* (1912) nos parece de interés para educadores –tanto maestros de primaria como profesores de secundaria– para conocer de *primera mano* el pensamiento pedagógico de un educador librepensador de principios del siglo XX. Ferrer Guardia implantó su pedagogía en la escuela que él fundó: la Escuela Moderna; una escuela mixta, no gratuita, higiénica, sin componente religioso alguno, racionalista y científica, sin dogmas de ninguna clase ni exámenes ni premios ni castigos. Desde las primeras páginas de esta obra queda bien manifiesto el gran empeño de Ferrer Guardia por sacar adelante su proyecto pedagógico sustentado perseverantemente por sus fuertes, profundas y muy arraigadas convicciones sociales y pedagógicas. Su afán educativo es incuestionable, al igual que sus ansias de cambiar la sociedad.

Las ideas y los elementos que forman el pensamiento pedagógico y la didáctica de la Escuela Moderna de Ferrer Guardia, son abundantes. Aunque los autores no nos sintamos identificados con la pedagogía ferrerista, destacamos cinco de sus ideas o elementos a los que parece interesante prestarles mayor atención: 1) Educar a los niños para que tengan pensamiento propio; 2) El papel clave –beneficioso– que tienen *el contento* y *el juego* del niño en su educación primaria; 3) El papel de los exámenes y los castigos, sin caer en situaciones utópicas; 4) La formación del profesorado, que –como precisa Ferrer Guardia– debe contar con la influencia de cómo es la sociedad del momento en la que están inmersos tanto los alumnos como los profesores; y 5) La formación de los padres de los alumnos, que en la Escuela Moderna contó con conferencias en las aulas y textos diversos publicados en el *Boletín* de la escuela.

Cabe decir que se trata de cinco elementos pedagógicos *clave* que Ferrer Guardia se planteó hace poco más de 100 años y que intentó aplicar en la Escuela Moderna. Al cabo de los años –¡más de 100!– la escuela del siglo XXI pone de manifiesto la necesidad de repensarlos. De hecho, por poner un ejemplo, fomentar y desarrollar el *pensamiento propio* es un objetivo contemplado en el sistema educativo actual de nuestro país, en todas sus etapas. Asimismo, los requisitos de titulación y formación del profesorado necesarios para impartir docencia en las diversas etapas educativas y en los diversos tipos de enseñanzas, los programas de formación permanente del profesorado, las diferentes pruebas de evaluación (o exámenes) establecidas en el período escolar, y los derechos y los deberes de los padres en relación con la educación de sus hijos, son cuestiones contempladas en la legislación educativa actual.

Lo que queremos decir es que la formación del profesorado, los exámenes, el papel de los padres en la escuela, el valor educativo del juego, promover el espíritu crítico, desarrollar el pensamiento propio, son –entre otros– temas *candentes* en la escuela de hoy, es decir, que despiertan el interés general particularmente por ser de actualidad y por considerarse polémica o debatible su implantación en la escuela actual, y que ya Ferrer Guardia –a principios del siglo pasado– detectó, se planteó y consideró que eran *clave* para lograr una educación capaz de cambiar la escuela de su tiempo, en aras de cambiar la sociedad.

En definitiva, para Ferrer Guardia, cambiar la humanidad pasa necesariamente por cambiar la escuela. Todos sabemos que lo que sucede en las aulas escolares es un vivo reflejo de lo que realmente acontece en la sociedad. En este sentido, convencidos de que hay que repensar la escuela de hoy, del siglo XXI, nos parece que vale la pena ahondar en esos cinco elementos pedagógicos y didácticos, que estuvieron presentes en la Escuela Moderna de Ferrer Guardia de principios del siglo pasado.

Bibliografía

Aguiló, A. (1999). La admiración. *Hacer familia,* nº 6, interrogantes.net – Blog de Alfonso Aguiló, <https://www.interrogantes.net/alfonso-aguilo-la-admiracion-hacer-familia-no-60-ii-99/>.

Álamo, J. (2018). El mito de los alumnos multitarea. *Evidencia en la Escuela,* <https://evidenciaenlaescuela.wordpress.com/2018/02/15/el-mito-de-los-alumnos-multitarea/>.

Alvira, R. (1997). ¿Qué es el aburrimiento? O la muerte social por insuficiencia filosófica. *Humanitas,* vol. 5, <https://www.humanitas.cl/antropologia-y-cultura/que-es-el-aburrimiento-o-la-muerte-social-por-insuficiencia-filosofica>.

Aritmendi, A. L. (2019). Elogio del silencio en las aulas. *Magisterio,* <https:// www.magisnet.com/2019/09/elogio-del-silencio-en-las-aulas/>.

Armiño, M. (2001). Prólogo, en Rousseau, Jean Jacques, *Emilio, o De la educación,* Alianza.

Avilés, J. (2006). *Francisco Ferrer y Guardia. Pedagogo, anarquista y mártir,* Marcial Pons.

Barba, C. (2018), citado en Las extraescolares son un espacio de desigualdades por excelencia. STECyL-i, <https://stecyl.net/las-extraescolares-son-un-espacio-de-desigualdades-por-excelencia/>.

Barreales, A. (2018). El sentimiento de culpa. *Sur,* <https://www.diariosur.es/opinion/sentimiento-culpa-20180226011053-ntvo.html>.

Barrena, S. (2007). *La razón creativa,* Rialp.

Beltrán, J. y F. (1997). Una introducción al pensamiento filosófico y pedagógico de John Dewey, en J. Dewey, *Mi credo pedagógico,* Universidad de León.

Benéitez, B. (2022). Estos son los 6 tipos de acoso escolar, o *bullying,* más comunes. *La Vanguardia,* <https://www.lavanguardia.com/vivo/psicologia/20220529/8302461/6-tipos-acoso-escolar-bullying-mas-comunes-nbs.html>.

Blanchard, M. (2012). Las competencias del nuevo profesor. *Crítica,* <http://www.revista-critica.com/la-revista/monografico/enfoque/504-las-competencias-del-nuevo-profesor>.

Blanco, R. (1996). Recensión de John Dewey: *Democracia y educación.* Un clásico del siglo XX: J. Dewey, *Revista de Educación,* nº 311.

Boluda, O. (2016). Ranking de los 100 mejores profesores. *Efepeando,* <https://www.efepeando.com/2016/07/ranking-de-los-100-mejores-profesores.html>.

Brenan, G. (1962). *Laberinto español,* Ruedo Ibérico.

Brubacher, J. S. (1974). John Dewey, en J. Château, *Los grandes pedagogos,* Fondo de Cultura Económica.

Cadrecha, M. A. (1990). John Dewey: Propuesta de un modelo educativo: II. Concepto democrático de la educación. *Aula Abierta,* nº 56.

Caparrós, A. (1989). Introducción a la edición española, en J. Dewey, *Cómo pensamos,* Paidós.

Carbonell, J. (1994). Introducció, en J. Dewey, *Democràcia i escola,* Eumo.

Chacón, P. (2015). Generación multitarea: los adolescentes funcionan mejor cuando hacen dos cosas a la vez. *elDiario.es,* <https://www.eldiario.es/hojaderouter/tecnologia/generacion-multitarea-jovenes-adolescentes-tecnologia_1_4427415.html>.

Château, J. (1974). *Los grandes pedagogos,* Fondo de Cultura Económica.

COLOM, A. J. et al. (1998). *Teorías e instituciones contemporáneas de la educación*, Ariel.

COMAPOSADA, J. (1909). *La Revolución de Barcelona,* Biblioteca Acción.

COSTA, P. (2009). Biografía sumaria de Francisco Ferrer Guardia, en F. Ferrer Guardia, *La Escuela Moderna. Póstuma explicación y alcance de la enseñanza racionalista*, Tusquets, 2ª ed.

DELGADO, B. (1979). *La Escuela Moderna de Ferrer i Guàrdia,* CEAC.

DEWEY, JANE M. (2002). Biography of John Dewey, en P. A. Schilpp, (ed.), *The Philosophy of John Dewey,* The Library of Living Philosophers, Northwestern University Press, Evanston, Chicago, 1939, citado en M. C. Molinos. *Concepto y práctica del currículo en John Dewey,* Ediciones Universidad de Navarra.

DEWEY, J. (1994). *Democràcia i escola*, Eumo.

— (1997). *Mi credo pedagógico,* Universidad de León.

— (2001). *Democracia y educación*, Morata.

DIEZ, A. (2022). ¿Cómo mejorar nuestra capacidad para escuchar (escucha activa)? *La mente es maravillosa,* <https://lamenteesmaravillosa.com/como-mejorar-nuestra-capacidad-para-escuchar-escucha-activa/>.

DOMÍNGUEZ, E. (1998a). Las primeras teorías de la modernidad pedagógica, en A. J. Colom et al., *Teorías e instituciones contemporáneas de la educación*, Ariel.

— (1998b). El experimentalismo y el cientificismo de Dewey. Las teorías y los métodos de la Escuela Nueva, en A. J. Colom et al., *Teorías e instituciones contemporáneas de la educación*, Ariel.

ENKVIST, I. (2000). *La educación en peligro,* Grupo Unisón.

EQUIPO DE EXPERTOS EN EDUCACIÓN. (2020). Las diversas formas de *bullying*: físico, psicológico, verbal, sexual, social y ciberbullying. Universidad Internacional de Valencia, <https://www.universidadviu.com/es/actualidad/nuestros-expertos/las-diversas-formas-de-bullying-fisico-psicologico-verbal-sexual>.

Espot, M. R. (2011). *La autoridad del profesor. Qué es la autoridad y cómo se adquiere,* Wolters Kluwer, 2ª ed.

Esteban, F. (2021). Desarrollar el pensamiento crítico en la docencia. *VII Jornada sobre la Identidad de la Universidad,* Universidad de Navarra, <https://www.youtube.com/watch?v=nqz0hcm0RvY&list=PLKD6YlII dHLcZyGg5NkFT9Mr0YIKe8_Ge>.

Esteve, J. M. (1993). La aventura de ser profesor. *Cuadernos de Pedagogía,* nº 266, <https://www.ugr.es/~fjjrios/pce/media/6-Aventura-Ser Profesor.Esteve.pdf>.

— (2003). *La tercera revolución educativa. La educación en la sociedad del conocimiento,* Paidós.

— (2008a). El desarrollo profesional docente y los desafíos del mundo de hoy: José Manuel Esteve (1), <https://www.youtube.com/watch?v=zBeH2jg5jAk>.

— (2008b). El desarrollo profesional docente y los desafíos del mundo de hoy: José Manuel Esteve (2), <https://www.youtube.com/watch?v= 6MrSyOH7ZFo>.

Euroinnova. (2022). Consejos para aprovechar vacaciones escolares y mucho más. *Euroinnova,* <https://www.euroinnova.edu.es/blog/consejos-para-aprovechar-vacaciones-escolares>.

Fernández, C. (2021). 'Slow living': la tendencia post-Covid-19 que nos hará más felices. *La Vanguardia,* <https://www.lavanguardia.com/vida/20210513/7448616/slow-living-tendencia-pos-covid-19-hara-mas-felices-brl.html>.

Fernández-Alonso, R. et al. (2020). ¿Por qué los alumnos pierden las ganas de aprender según van creciendo? *The Conversation,* <https://theconversation.com/por-que-los-alumnos-pierden-las-ganas-de-aprender-segun-van-creciendo-131967>.

Ferreiro, C. (2020). Vuelta a las aulas: ¿cómo será el nuevo híbrido presencial-online? *Aprendemas.com,* <https://www.aprendemas.com/es/blog/mundo-educativo/vuelta-a-las-aulas-como-sera-el-nuevo-modelo-hibrido-presencial-online-87590>.

FERRER GUARDIA, F. (1912), *La Escuela Moderna. Póstuma explicación y alcance de la enseñanza racionalista*, Maucci.

— (2009). *La Escuela Moderna. Póstuma explicación y alcance de la enseñanza racionalista*, Tusquets, 2ª ed.

FINKEL, D. (2008). *Dar clase con la boca cerrada*, Universitat de València.

FLOR, I. (2017). La gamificación, un juego muy serio. *La Vanguardia*, <https://www.lavanguardia.com/vida/20171215/433642664344/la-gamificacion-un-juego-muy-serio-brl.html>.

GAITÁN, V. (2021). Gamificación: El aprendizaje divertido–educativa. *Scribd*, <https://es.scribd.com/document/512780387/Gamificacion-el-aprendizaje-divertido-educativa>.

GARCÍA HOZ, V. (1974). Dewey, John. *Diccionario de Pedagogía*, Labor.

GOLDMAN, J. (1996). *Sonidos que sanan*, Luciérnaga.

GONZÁLEZ MOTOS, S. (2016). ¿Qué impacto tienen las actividades extraescolares sobre los aprendizajes de los niños y los jóvenes? *Fundació Jaume Bofill, Ivàlua*, <https://ivalua.cat/sites/default/files/2019-11/20_10_2016_07_42_35_actividadesextraescolares_CA_191016.pdf>.

— (2018). Argumentos a favor y en contra de las actividades extraescolares. *Educación y Realidad Social*, <https://factoreseducativos.blogspot.com/2018/11/argumentosa-favor-y-en-contra-de-las.html>.

GRANT, A. (2016). Cómo fomentar la creatividad en el aula. *Aceprensa*, <https://www.aceprensa.com/educacion/como-fomentar-la-creatividad-en-el-aula/>.

GUAITA, C. (2019). En juego, lo mejor. Esencia e identidad de la profesión docente. *Educación Responsable. Fundación Botín*, Boletín de educación, <https://www.educacionresponsable.org/web/la-educacion-que-queremos/en-juego-lo-mejor-carmen-guaita.html>.

HERNÁNDEZ, G. (2009). Cese de la actividad profesional y preparación para la jubilación. *Cuadernos de Relaciones Laborales*, vol. 27, nº 2, <https://revistas.ucm.es/index.php/CRLA/article/view/CRLA0909220063A/32229>.

HOOK, S. (2000). *John Dewey. Semblanza intelectual*, Paidós.

Imbernón, F. (2020). El malestar del profesorado. *El Periódico,* <https://www.pressreader.com/spain/el-periodico-de-catalunya-castellano/20200519/281659667234113>.

Irarrázabal, J. (2018). *La escuela y los padres en la filosofía de la educación de John Dewey,* Ediciones Universidad de Navarra.

Iyer, P. (1993). La elocuente voz del silencio. *Aceprensa,* <https://www.aceprensa.com/sociedad/la-elocuente-voz-del-silencio/>.

Junyent, M. C. et al. (2021). *Som dones, som lingüistes, som moltes i diem prou. Prou textos incoherents i confusos. Canviem el món i canviarà la llengua,* Eumo, 3ª ed.

Khan, S. (2020). Educació: actualitzant el sistema. *No pot ser!,* <https://www.ccma.cat/tv3/alacarta/no-pot-ser/educacio-actualitzant-el-sistema/video/6037496/>.

Lantigua, I. F. (2011). Claves para una jubilación feliz. *El Mundo,* <https://www.elmundo.es/elmundosalud/2011/02/03/noticias/1296728053. html>.

Larrosa, J. (2020). *El profesor artesano. Materiales para conversar sobre el oficio,* Laertes.

Laurent, P. (2020). Educació: actualitzant el sistema. *No pot ser!,* <https://www.ccma.cat/tv3/alacarta/no-pot-ser/educacio-actualitzant-el-sistema/video/6037496/>.

Londoño, C. (2018). 10 consejos prácticos de profesores experimentados a profesores novatos. *Elige Educar,* <https://eligeeducar.cl/historias-docentes/10-consejos-practicos-de-profesores-experimentados-a-profesoresnovatos/>.

López, I. (2020), en R. Niebla, Ser madre o una gran profesional: ¿son compatibles la carrera laboral y los cuidados?, *El País,* <https://elpais.com/mamas-papas/2020-10-21/ser-madre-o-una-gran-profesional-son-compatibles-la-carrera-laboral-y-los-cuidados.html>.

Lozano, A. (2013), en M. A. Rendón, Hacia una conceptualización de los estilos de enseñanza, *Revista Colombiana de Educación,* nº 64, <http://www.scielo.org.co/pdf/rcde/n64/n64a08.pdf>.

— (2017). Estilos de aprendizaje y de enseñanza. Un panorama de la estilística educativa. *Trillas,* <https://www.mendoza.edu.ar/wp-content/uploads/2017/11/ESTILOS-DE-APRENDIZAJE-Y-ENSE%C3%91ANZA-UN-PANORAMA-DE-LA-ESTILISTICA-EDUCATIVA.pdf>.

Marín, I. (2018). El juego y su incomparable valor educativo. *Aprendemos juntos 2030,* BBVA, <https://www.youtube.com/watch?v=WYf9 r52 Jhwg>.

Marín, R. (1982). *Principios de la educación contemporánea,* Rialp.

Menand, L. (2002). *El club de los metafísicos,* Destino.

Meseguer, J. (2022). Sé tú mismo... y piensa como yo. *Aceprensa,* <https://www.aceprensa.com/sociedad/se-tu-mismo-y-piensa-como-yo/>.

Ministerio de Educación, Gobierno de la República Guatemala. (2022). Guía para la identificación y prevención del acoso escolar (*Bullying*), <https://www.sdgfund.org/sites/default/files/CPPB_GUIA_Guate_Prevencion%20acoso%20escolar.pdf>.

Molina, M. C. (2008), en M. E. Napione, *¿Cuándo se quema el profesorado de secundaria?,* Díaz de Santos, <https://www.editdiazdesantos.com/wwwdat/pdf/9788479788667.pdf>.

Molinos, M. C. (2002). *Concepto y práctica del currículo en John Dewey,* Ediciones Universidad de Navarra.

Montiel, J. (2020), en R. Narbona. El poeta en la ventana. Diálogo con Jesús Montiel. *Revista de Libros,* <https://www.revistadelibros.com/el-poeta-en-la-ventana-dialogo-con-jesus-montiel/>.

— (2021). La mejor pedagogía. *elSubjetivo,* <https://theobjective.com/elsubjetivo/opinion/2021-01-06/la-mejor-pedagogia/>.

Moor, P. (1977). *El juego en la educación,* Herder.

Mora, F. (2014), en J. C. Guillén. La atención en el aula: de la curiosidad al conocimiento. *Escuela con cerebro,* <https://escuelaconcerebro.wordpress.com/2014/08/04/la-atencion-en-el-aula-de-la-curiosidad-al-conocimiento/>.

Moussy, B. (2019). Jean-Jacques Rousseau y la inspiración de su rol en la relación entre naturaleza y educación. *Infancia en Europa hoy. Infancia, naturaleza y sostenibilidad,* nº 2, <https://www.rosasensat.org/revista/infancia-en-europa-hoy-infancia-naturaleza-y-sostenibilidad-numero-2/jean-jacques-rousseau-y-la-inspiracion-de-su-rol-en-la-relacion-entre-naturaleza-y-educacion/>.

Nava, M. T. (1992). *La educación en la Europa moderna,* Síntesis.

Nubiola, J. y Sierra, B. (2001). La recepción de Dewey en España y Latinoamérica, *Utopía y Praxis Latinoamericana,* 6, nº 13.

Ocampo, E. (2017). Hay que elogiar a los alumnos por su esfuerzo, no por su capacidad. Foro de Educación, *Faro de Vigo,* <https://www.farodevigo.es/galicia/2017/05/28/jesus-guillen-hay-elogiar-alumnos-16298025.html>.

Oliva, H. A. (2016). La gamificación como estrategia metodológica en el contexto educativo universitario, *Realidad y Reflexión,* 16, n° 44.

Ordiz, E. (2019). Los jóvenes tienden a sentirse más solos que las personas mayores. *20 minutos,* <https://www.20minutos.es/noticia/4098865/0/ encuesta-soledad-jovenes-espanoles/>.

Pennac, D. (2015). *Mal de escuela,* Debolsillo, 6ª ed.

Peñalver, P. (1974). Ilustración. I. Filosofía. *Gran Enciclopedia Rialp,* vol. XX, Rialp.

Pérez Bello, J. A. (2023). Diez inconvenientes del «Aprendizaje basado en proyectos». *Si es escuela, es futuro,* <https://juanantonioperezbello.com/10-inconvenientes-del-aprendizaje-basado-en-proyectos/>.

Pinelo, F. T. (2008). Estilos de enseñanza de los profesores de la carrera de psicología. *Pepsic. Revista Mexicana de Orientación Educativa,* vol. 5, nº 13, <http://pepsic.bvsalud.org/scielo.php?script=sci_arttext&pid=S1665-75272008000100005>.

Prieto, M. (2012). Miedos comunes en los docentes. *Crítica,* <http://www. revista-critica.com/la-revista/monografico/enfoque/449-miedos- comunes-en-los-docentes>.

Ramos-Paúl, R. (2022), en L. Peraita. Padres ante el estrés de las vacaciones escolares: '¿Y qué vamos a hacer ahora? ¡Y yo qué sé!'. *ABC*, <https://www.abc.es/familia/padres-hijos/abci-padres-ante-estres-vacaciones-escolares-y-vamos-hacer-ahora-y-202206280136_noticia.html>.

Redacción ColegiosGuatemala.com. (2017). El elogio como arma para motivar. *ColegiosGuatemala. Blog de Educación*, <https://www.colegiosguatemala.com/blog/visualizar.php?id=23&nivel=M&dpto=QI&clave=&religioso=1&tipo=U&genero=V&bilingue=1>.

Requena, A. (2021). Las mujeres están en las tareas domésticas menos agradables de hacer, los hombres no limpian el baño. *elDiario.es*, <https://www.eldiario.es/sociedad/mujeres-tareas-domesticas-agradables-hombres-no-limpian-bano_128_8117794.html>.

Reyero, D. (2021). Desarrollar el pensamiento crítico en la docencia. *VII Jornada sobre la Identidad de la Universidad*, Universidad de Navarra, <https://www.youtube.com/watch?v=nqz0hcm0RvY&list=PLKD6YllIdHLcZyGg5NkFT9Mr0YIKe8_Ge>.

Rius, M. (2011). Más juego, menos actividades extraescolares. *La Vanguardia*, <https://www.lavanguardia.com/estilos-de-vida/20110916/54216033596/mas-juego-menos-actividades-extraescolares.html>.

— (2012). Abuelos para todo: ¿dónde está el límite? *La Vanguardia*, <https://www.lavanguardia.com/estilos-de-vida/20120127/54245289728/abuelos-para-todo-donde-esta-el-limite.html>.

Rodríguez, A. (2020). El síndrome del profesor quemado. *La mente es maravillosa*, <https://lamenteesmaravillosa.com/el-sindrome-del-profesor- quemado/>.

Romano, M. (2016). Simone Weil: atención y oración. *Cauriensia*, vol. XI.

Rousseau, J. J. (2001). *Emilio, o De la educación*, Alianza.

Salmerón, M. I. (2011). Estilos de enseñanza y funciones del profesorado. *Edelfeportes.com. Revista Digital*, 16, nº 156, <https://www.efdeportes.com/efd156/estilos-de-ensenanza-y-funciones-del-profesorado.htm>.

SÁNCHEZ, E. (2020). 5 señales que hacen sospechar que un niño es víctima de *bullying. La mente es maravillosa,* <https://lamenteesmaravillosa.com/5-senales-indican-nino-victima-de-bullying/>.

SANITAS. (2022). Acoso escolar o *bullying*: perfiles psicosociales, <https://www.sanitas.es/sanitas/seguros/es/particulares/biblioteca-de-salud/psicologia-psiquiatria/acoso-psicologico/bullying-perfiles-psicosociales.html#:~:text=PERFIL%20DEL%20AGRESOR,a%20un%20futuro%20de%20delincuencia>.

SENECHAL, D. (2018). El culto a la creatividad nos está volviendo menos creativos. *Aceprensa,* <https://www.aceprensa.com/educacion/el-culto- la-creatividad-nos-esta-volviendo-menos-creativos/>.

SIERRA, B. (1997). *Dos formas de libertad en J. J. Rousseau*. Ediciones Universidad de Navarra.

SINI, C. (1999). *El pragmatismo,* Akal.

SWART, R. (2013), en J. Meseguer. Enseñar a pensar para la vida. *Aceprensa,* <https://www.aceprensa.com/educacion/ensenar-pensar-para-la-vida/>.

TORRES-TOUKOUMIDIS, A. y Romero-Rodríguez, L. M. (2018). La gamificación como estrategia metodológica en el contexto educativo universitario. *Educar para los nuevos medios,* Editorial Universitaria Abya-Yala.

TRIADÓ, C. (2012), en M. Rius, Abuelos para todo: ¿dónde está el límite?, *La Vanguardia,* <https://www.lavanguardia.com/estilos-de-vida/20120127/ 54245289728/abuelos-para-todo-donde-esta-el-limite.html>.

VANRELL, M. (2021), en M. C. Junyent et al. *Som dones, som lingüistes, som moltes i diem prou. Prou textos incoherents i confusos. Canviem el món i canviarà la llengua,* Eumo, 3ª ed.

VÉLAZ, C. (2009). Competencias del profesor-mentor para el acompañamiento al profesorado principiante. *Profesorado. Revista de currículum y formación del profesorado,* vol. 13, nº 1, <https://www.ugr.es/~ recfpro/rev131ART14.pdf>.

VERJAT, A. et al. (1978). Rousseau, Jean-Jacques, *Gran Enciclopèdia Catalana*, vol. XII.

VIDAL-QUADRAS, J. (2019). La familia, el rostro de lo humano. *Aceprensa*, <https://www.aceprensa.com/familia/la-familia-el-rostro-de-lo-humano/>.

WEIL, S. (1942). Réflexions sur le bon usage des études scolaires. *Oeuvres complètes* IV, 1.

WILLINGHAM, D. T. (2006). Pregúntele al científico cognitivo: cómo el elogio puede motivar o sofocar. *Aft A Unión of Professionals*, y<https://es.aft.org/ae/winter2005-2006/willingham>.

Índice de nombres

Colección: Aprender a ser
ISBN: 978-84-330-3221-6
Páginas: 184
Encuadernación: Rústica
Formato : 15 x 21 cm
Edición: 1ª

José Antonio Sande Martínez

Educación emocional en la infancia

Cero a diez años

La crianza y la educación son dos aspectos diferentes de una misma experiencia: los hijos. Mientras que la crianza se refiere a aspectos básicos de supervivencia y cuidados, la educación se dirige a dotar a los hijos de los recursos físicos, mentales y emocionales para relacionarse con el entorno de manera sana y equilibrada, tanto en el presente como en el futuro. Pero parece que la educación emocional ha sido siempre la gran olvidada y se ha dejado que cada niño y niña desarrolle su "manual de instrucciones emocional" de manera espontánea y autónoma, sin guía ni supervisión, mientras que para el cuerpo y la mente hay entrenadores, maestros y demás profesionales.

La educación emocional es un proceso que implica una inversión de tiempo y energía muy elevados. Si no se sabe cómo afrontarlo, el desgaste individual y del sistema familiar puede ser muy alto, pagando el precio del desencanto, la frustración y la desesperación. Por ello, es necesario conocer el mundo emocional de los niños y desarrollar estrategias que faciliten esta labor y conviertan a la educación en una experiencia gratificante y enriquecedora.

Este manual sobre el mundo emocional infantil ofrece instrucciones básicas y fundamentales a la hora de comprender y desarrollar el plano emocional del niño. Aplicando estas pautas padres y madres, docentes, psicólogos, entrenadores y educadores en general podrán relacionarse con el niño de manera constructiva y, al mismo tiempo, contribuir a crear en él una emocionalidad sana y equilibrada.

Colección: Aprender a ser
ISBN: 978-84-330-3210-26
Páginas: 128
Encuadernación: Rústica
Formato : 15 x 21 cm
Edición: 1ª

Bibiana Regueiro, Antonio Valle, Patricia A. Ruido

Los deberes escolares, en el punto de mira

Ya desde primaria, las tardes en muchos hogares se vuelven gritos, lágrimas e, incluso, algún que otro portazo. Los deberes escolares son, para muchos, una práctica perjudicial que sabotea la vida familiar.

Para otros, los deberes son tan necesarios que prescindir de ellos sería poco menos que un sacrilegio, ya que promueven la autonomía y la responsabilidad en el aprendizaje.

Es entonces cuando volvemos a preguntarnos, una vez más: ¿deberes sí o deberes no? Este libro deja atrás todas esas opiniones vacías, ese debate estéril y, a través de evidencias científicas, pretende ayudar a las profesoras y profesores a tomar decisiones sensatas si deciden prescribirlos, o no; y a los padres y madres a comprender el motivo de apoyarlos, o no.

Por suerte, el fin de los deberes, tal y como los conocemos, ya está aquí.

Colección: Aprender a ser
ISBN: 978-84-330-3168-6
Páginas: 140
Encuadernación: Rústica
Formato : 15 x 21 cm
Edición: 1ª

Eva Solaz Solaz

Sembrando emociones

Programa de Inteligencia Emocional y Convivencia

Este libro nace de la ilusión, la esperanza y el trabajo colaborativo de un grupo de maestras soñadoras, quienes, creyendo en el valor de la enseñanza, descubrieron que es posible imaginar un mundo más respetuoso, empático y tolerante, gracias a la magia de las emociones.

Conocer, reconocer y comprender la magia de las emociones que reside en cada una de nosotras, nos transforma para ser personas más humildes, sensibles, responsables y transformadoras del mundo que nos rodea.

El mundo de las emociones se convierte en pieza clave para unificar su enseñanza y aprendizaje en las tres etapas de nuestro sistema educativo. Implementando el Programa RETO en infantil (Sembrando Emociones), primaria (Programa RETO) y secundaria (Emociones, todo un RETO), conseguiremos despertar a un mundo de emociones de manera consciente, forjando la identidad del individuo como persona en sociedad.

Tenéis en vuestras manos Sembrando Emociones, un sueño y una mágica realidad.

Colección: AMAE
ISBN: 978-84-330-3217-1
Páginas: 120
Encuadernación: Rústica con solapas
Formato : 15,5 x 21,5 cm
Edición: 1ª

Bernardo Ramallo

Hijos emperadores, padres que obedecen

Cómo manejar los límites en la crianza

¿Eres padre o madre? ¿Te has preguntado alguna vez cuál es tu papel en la vida de tus hijos? Hoy en día, la crianza de los hijos se ha vuelto cada vez más importante, pero ¿realmente estamos prestándoles la atención que merecen?

Este libro trata sobre la importancia de la calidad de la crianza en los años sagrados de la infancia y la adolescencia, en los que nuestros hijos se están formando. No podemos permitir que se conviertan en emperadores a los que rendir pleitesía, ni perder nuestro rol como padres. Es hora de combatir la preocupante tendencia abandónica del rol de padres que se está viendo cada vez más. Hay muchos hijos "desabrigados" que necesitan una atención verdadera de sus padres.

Este libro te invita a hacerte una pregunta trascendental: ¿cuánto podrías cambiar el mundo si mejoraras la calidad de la crianza de tus hijos? Ellos necesitan que los llenes de cariño, que les dediques tu tiempo y que les proporciones herramientas para enfrentarse a la vida.

Aquí descubrirás cómo puedes conquistar una relación basada en el amor y el respeto con tus hijos, y cómo asegurarte de que reciban la mejor crianza posible. Es hora de asumir nuestra responsabilidad como padres y de hacer una diferencia en el mundo a través de nuestros hijos.

Aprender a ser

Director de la colección: Cruz Pérez

Últimos títulos publicados

Convivir en Paz: La metodología apreciativa. Aproximación a una herramienta para la transformación creativa de la convivencia en Centros Educativos, por S. Auberbi

La educación ética en la familia, por Rafaela García, Cruz Pérez y Juan Escámez

El poder de las palabras. El uso de la PNL para mejorar la comunicación, el aprendizaje y la conducta, por Terry Mahony

Camino hacia la madurez personal, por Mª Ángeles Almacellas

Enseñar competencias sobre la religión. Hacía un currículo de Religión por competencias, por Rafael Artacho

La educación de calle. Trabajo socioeducativo en medio abierto, por Jesús D. Fernández Solís y Andrés G. Castillo

El valor pedagógico del humor en la educación social, por Jesús D. Fernández y Juan García

Programa Taldeka para la convivencia escolar, por Luis de la Herrán

La decisión correcta. El aprendizaje de valores morales en la toma de decisiones, por Marta López-Jurado Pig

Enseñar a los hijos a convivir. Guía práctica para dinamizar escuelas de padres y abuelos, por Manuel Segura y Juani Mesa

Ser madre, saberse madre, sentirse madre, por Pepa Horno

Educación para el siglo XXI, por Marta López-Jurado (Coord.)

Educación emocional. Propuestas para educadores y familias, por Rafael Bisquerra (Coord.)

La acción educativa social: nuevos planteamientos, por Cruz Pérez (Editor)

Conjugar el verbo leer, por Seve Calleja

La responsabilidad por un mundo sostenible, por Pilar Aznar (Coord.) y Mª Ángeles Ull

Veintitrés maestros, de corazón. Un salto cuántico en la enseñanza, por Carlos González Pérez

Practicando la escritura terapéutica. 79 ejercicios, por Reyes Adorna

Prevención del acoso escolar con educación emocional. Con la obra de teatro *Postdata*, por Rafael Bisquerra (Coord.)

Familia y Escuela - Escuela y Familia. Guía para que padres y docentes nos entendamos, por Óscar González

Cinco llaves para educar en el siglo XXI. Aprendizaje, corazón, talento, diálogo y solidaridad, por Jerónimo García - César García-Rincón

Las dificultades de la educación. Orientaciones educativas para el ámbito familiar, por Ana Balanzá

Cómo amanso a mis fieras. Estrategias para mejorar la convivencia en clase utilizando la música, por Almudena Ocaña

La empatía es posible. Educación emocional para una sociedad empática, por Anna Carpena

El diario de la convivencia en clase. Más de 300 actividades para desarrollar la inteligencia interpersonal e intrapersonal, por Juan Lucas Onieva

Educación en valores para la ciudadanía. Estrategias y técnicas de aprendizaje, por Cruz Pérez

El maestro atento. Gestión consciente del aula, por Luis López

Programa R E T O, Respeto, Empatía y Tolerancia. Actividades de educación emocional para niños de tres a doce años, por Eva Solaz

Educar en las redes sociales. Programa preventivo PRIRES, por José María Avilés

Una mirada femenina de la educación moral, por María Rosa Buxarrais e Isabel Vilafranca (Coords.)

¡Juguemos a sentir! Una innovadora pedagogía a través de juegos didácticos de sensaciones, para desarrollar y armonizar las dos áreas del cerebro del niño: la que piensa y la que siente, por Carles Bayod Serafini

Escuelas que meditan. Cómo programar mindfulness en los centros educativos, por Luis López Gonzalez

La enseñanza basada en el apego. Crear un aula tribal, por Louis Cozolino

Alma de profesor, por María Rosa Espot y Jaime Nubiola

Mi diario de las emociones en clase, por Juan Lucas Onieva

Mi receta contra el acoso escolar, por Raúl Rodrigo Rubio

Encuentros con tu propia sabiduría. Semillas de sabiduría para nacer a ti mismo (su fruto es diferente para cada persona), por Carlos González Pérez

Mastermind. Técnicas para revolucionar el estudio y el aprendizaje, por Federica Trombetta

La edad invisible. Crianza consciente en la primera infancia, por Joaquín Ortega

Niños felices, alumnos capaces. Ideas de enriquecimiento para alumnos con Altas Capacidades Intelectuales, por Inmaculada Espinosa Quintana

Emociones, todo un reto. Actividades de educación emocional basadas en el respeto, la empatía y la tolerancia para niños de doce a dieciséis años, por Eva Solaz Solaz

Cómo crear un clima de aula positivo. Actividades y técnicas de intervención, por Cruz Pérez Pérez, Carolina Asensi Cros

Manual práctico de mindfulness para el ámbito escolar, por Lorenzo Sánchez Ramos

Sembrando emociones. Programa RETO 0-3 años, por Eva Solaz

Los deberes escolares en el punto de mira, por Bibiana Regueiro, Antonio Valle, Patricia A. Ruido

Educación emocional en la infancia. Cero a diez años, por José Antonio Sande

¿Qué hacemos con la educación? Desafíos del profesorado para una educación transformadora, por María Rosa Espot y Jaime Nubiola